XMC 小马车图书 考霸笔记系列丛书

U0660147

初|中|化|学
基础知识及考点突破

小马车丛书编委会 编

地质出版社

· 北 京 ·

图书在版编目（CIP）数据

初中化学基础知识及考点突破/小马车丛书编委
会编.—北京：地质出版社，2020.11
　　（考霸笔记系列丛书）
　　ISBN 978-7-116-12139-3

　　Ⅰ. ①初… 　Ⅱ. ①小… 　Ⅲ. ①中学化学课-初中-升
学参考资料 　Ⅳ. ①G634.85

中国版本图书馆 CIP 数据核字（2020）第 122437 号

初中化学基础知识及考点突破
CHUZHONG HUAXUE JICHU ZHISHI JI KAODIAN TUPO

责任编辑：马宏阳　周苏琴
责任校对：李　玫
出版发行：地质出版社
社址邮编：北京市海淀区学院路 31 号，100083
咨询电话：（010）66554600（编辑室）
网　　址：http://www.gph.com.cn
传　　真：（010）66554601
印　　刷：保定市铭泰达印刷有限公司
开　　本：640mm×920mm　1/32
印　　张：7.5
版　　次：2020 年 11 月第 1 版
印　　次：2020 年 11 月第 1 次印刷
定　　价：42.00 元
书　　号：ISBN 978-7-116-12139-3

目录

专题一 走进化学世界(1) ——探究物质的变化及其性质

物质的变化包括物理变化和化学变化两种。**判定的根本依据是:**看变化后是否有新物质生成,没有新物质生成的是物理变化,有新物质生成的是化学变化。

核心考点 1 物质变化

	物理变化	化学变化
判断依据	变化后是否有新物质生成	
定义	没有新物质生成的变化	有新物质生成的变化
本质	分子本身没有变(对于由分子构成的物质),主要指形状改变或三态变化	分子或粒子本身被破坏,分裂成原子,原子又重新组合成新物质的分子或粒子
实例	冰融化、汽油挥发、胆矾研碎、蜡烛融化、湿衣服晾干等	物质燃烧、铁钉生锈、食物腐烂、酒和醋的酿造等

考霸笔记:

(冰川融化——气候变暖的恶果)

物理变化,没有新的物质生成,只是形态发生了改变。

(森林大火——破坏性极大)

化学变化,有新物质的生成,产生了二氧化碳、一氧化碳等新物质。

考霸笔记:

爆炸有时是化学变化,有时是物理变化。

(1)轮胎爆炸、蒸汽锅炉因压力过大而爆炸等,没有新物质生成,属于物理变化;

(2)炸药爆炸、瓦斯爆炸等,有新物质生成,属于化学变化;

(3)原子弹爆炸等,既不是简单的物理变化,也不是简单的化学变化。

My name is"爆炸",我是很善变的哟。

续表

	物理变化	化学变化
联系	化学变化和物理变化常常同时发生,化学变化过程中常伴随着物理变化,而物理变化过程中一定不伴随化学变化	

  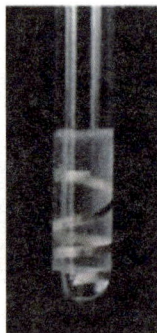 

产生沉淀　　　　　产生气泡　　　　　发光发热

此类现象可以帮助我们判断是否发生了化学变化,但不是充分条件(**充分条件:是否有其他物质生成**)。

核心考点 2　物质的性质

	物理性质	化学性质
判断依据	是否经过化学变化表现出来	
定义	不需要经过化学变化就能表现出来的性质	在化学变化中表现出来的性质
常见性质	颜色、状态、气味、熔点、沸点、硬度、密度、光泽、导电性、导热性、溶解性、挥发性等	可燃性、助燃性、氧化性、还原性、稳定性、易生锈、易变质等
实例	铁是带有银白色金属光泽的固体,有良好的导电、导热性能,不溶于水,密度7.9 g/cm,质地较软,含杂质的铁硬度增大	铁在潮湿的空气中容易生锈,在氧气中可以燃烧

考霸笔记:

外界条件改变时,物质的性质也会随着发生改变,因此,描述物质性质时,往往要注明条件。如:液体的沸点会随着大气压强的变化而改变,而大气压强不是固定不变的,因此,人们把101 kPa规定为标准大气压。水在一个标准大气压下的沸点为100摄氏度,在90 kPa时沸点约为97摄氏度,在70 kPa时约为91摄氏度,在47 kPa时约为80摄氏度,在31 kPa时约为70摄氏度。

考霸笔记：

蜡烛融化→物理变化,蜡烛易融化→物理性质;

蜡烛燃烧→化学变化,蜡烛能燃烧→化学性质。

核心考点 *3* 物质的变化和性质的关系

1.联系:性质决定了物质能否发生变化,变化是性质的具体体现。

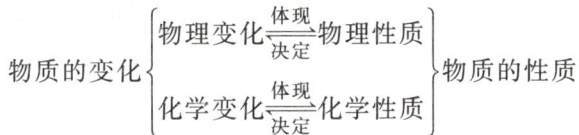

$$物质的变化\left\{\begin{array}{l}物理变化\xrightleftharpoons[决定]{体现}物理性质\\[2mm]化学变化\xrightleftharpoons[决定]{体现}化学性质\end{array}\right\}物质的性质$$

2.区别:变化强调的是物质的某种运动过程,是正在(或已经)发生的过程;性质是物质的固有属性,是客观存在的事实,描述化学性质时通常会使用"能、会、易、可以"等词语。

专题二　走进化学世界(2)
——化学是一门以实验为基础的科学

化学的许多重大发现和研究成果都是通过实验得到的。

核心考点 1　化学实验

1.化学实验的作用

发现和验证化学原理,学习科学探究的方法并获得化学知识。

2.化学实验的途径

提出问题→设计实验→实验探究→观察实验→记录现象、数据、结果→得出结论→反思与评价。

3.化学实验探究的特点

(1)关注物质的性质;(2)关注物质的变化;(3)关注物质变化过程中的现象。

考霸笔记:

化学是一门以实验为基础的科学!

考霸笔记：

Ⅰ.蜡烛火焰各层温度比较　Ⅱ.蜡烛燃烧产物检验

Ⅲ.探究蜡烛焰心气体成分　Ⅳ.点燃蜡烛刚熄灭时产生的白烟

1.蜡烛燃烧时的火焰分为外焰、内焰、焰心三层，外焰温度最高、内焰次之、焰心最低。

2.白烟是石蜡蒸气冷凝的固体，具有可燃性，能够被点燃。

3.蜡烛燃烧时可能会产生"黑烟"，它是不充分燃烧的产物，碳单质——碳黑。

4.化学实验现象的观察

（1）变化前→原物质的颜色、状态、气味等；

（2）变化中→物质的颜色、状态、气味等的改变，光、沉淀、气体等物质的产生；

（3）变化后→新物质的颜色、状态、气味等。

核心考点 2　对蜡烛及其燃烧的探究

	实验步骤	实验现象	实验结论
点燃前	（1）观察蜡烛的颜色、状态、形状等	白色、固体、圆柱形	蜡烛是白色固体
	（2）用小刀切下一块石蜡投入水中	切起来很容易，投入水中浮在水面上	硬度小，密度比水小，不溶于水
点燃蜡烛	（1）用火柴点燃，观察火焰	黄色火焰，火焰分三层	蜡烛具有可燃性，蜡烛的火焰分三层
	（2）取一根火柴梗，迅速平放入火焰中，约1 s后取出	外层被烧焦，中间没有烧焦	蜡烛火焰的外层温度最高

续表

	实验步骤	实验现象	实验结论
点燃蜡烛	(3)用一干燥烧杯和一个用澄清石灰水润湿内壁的烧杯先后罩在火焰的上方	干燥烧杯内壁有水雾,澄清石灰水变浑浊	蜡烛燃烧生成了二氧化碳和水
熄灭蜡烛	(1)将蜡烛熄灭,观察。(2)用火柴点燃刚熄灭时冒出的白烟	刚熄灭时有白烟冒出,白烟能燃烧	蜡烛燃烧时先熔化,再汽化,然后才燃烧
结论	蜡烛硬度小、密度比水小,具有可燃性。火焰分三层,外层温度最高,燃烧后生成二氧化碳和水等		

核心考点 3　人体吸入的空气和呼出的气体的探究

实验步骤	实验现象	实验结论
澄清石灰水 空气　(1)　(2)　呼出气体	盛空气的瓶内石灰水不变浑浊,盛呼出气体的集气瓶内石灰水变浑浊	呼出的气体比吸入的空气中二氧化碳含量高

考霸笔记:

呼出气体的收集方法:

(1)集气瓶装满水,用玻璃片先盖住瓶口的一小部分,然后缓慢推动玻璃片将瓶口全部盖住,再倒立在水槽里,注意集气瓶中不能留有气泡。

(2)向集气瓶内缓缓吹气,当收集到一部分气体时,用手压住集气瓶,防止因为水的浮力使集气瓶上浮而漏气,当集气瓶内充满呼出的气体时,在水下用玻璃片盖好瓶口,再取出正放在实验桌上。

考霸笔记:

使火焰熄灭的不一定是二氧化碳气体,氮气、稀有气体等非助燃气体也能使火焰熄灭。

续表

实验步骤	实验现象	实验结论
燃着的木条 空气 ☐ ☐ 呼出气体 （1）（2）	空气中木条不立即熄灭,呼出的气体中木条熄灭	呼出的气体比吸入的空气中氧气含量少
干燥玻璃片	对着呼气的玻璃片上有水雾,空气中的玻璃片无变化	人呼出的气体比吸入的空气中水蒸气的含量高
结论	人呼出的气体和吸入的空气相比:氧气含量少,二氧化碳和水蒸气的含量高	

专题三　走进化学世界(3)
——走进化学实验室

核心考点 1　常见的化学仪器及其使用方法

反应容器	可直接加热:试管、蒸发皿、燃烧匙、坩埚
	能间接加热:烧杯、烧瓶、锥形瓶
存放仪器	广口瓶(固体)、细口瓶(液体)、滴瓶(少量液体)、集气瓶(气体)
加热仪器	酒精灯、酒精喷灯
取用仪器	镊子(块状或较大颗粒)、药匙(粉末或小颗粒)、胶头滴管(少量液体)
夹持仪器	试管夹、铁架台(带铁夹、铁圈)、坩埚钳
分离仪器	漏斗(普通漏斗、分液漏斗、长颈漏斗)
其他仪器	石棉网、玻璃棒、水槽、试管刷、温度计等

考霸笔记:

1.可直接加热

试管　蒸发皿　坩埚　燃烧匙

2.可以加热,但必须垫上石棉网

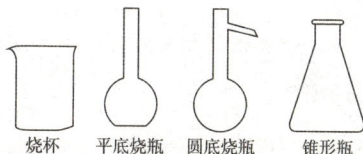

烧杯　平底烧瓶　圆底烧瓶　锥形瓶

考霸笔记：

导致试管炸裂的可能原因：

1.夹持试管的铁夹过紧。

2.加热时，试管外壁有水未擦干。

3.给试管加热时，受热不均。

4.给试管加热时，试管与酒精灯的焰心接触。

5.实验过程中有冷的液体溅到被加热的试管上。

6.很热的试管未冷却就用冷水冲洗。

仪器	主要用途	使用注意事项
试管	(1)用作少量试剂(固体、液体)的反应容器。(2)常温或加热都可以。(3)可直接加热	(1)加热时试管外壁应干燥。(2)热试管不能骤冷
烧杯	(1)用于较大量试剂的反应容器。(2)用于溶解物质或配制溶液	加热时要垫石棉网(保证烧杯受热均匀,防止局部受热炸裂烧杯)
酒精灯	用于加热物质,是实验室中最常用的热源	酒精的量不超过容积的2/3,不少于1/4。不用时盖好灯帽
试管夹	夹持试管	(1)从底部往上套,夹在中上部。(2)夹持试管时,不要将拇指按在试管夹短柄上
量筒	量度液体体积	(1)不可以加热。(2)不能作反应容器

续表

仪器	主要用途	使用注意事项
胶头滴管	吸取和滴加少量液体	(1)使用后立即洗净。 (2)取液时先将胶头中的空气挤出,再用滴管取液。 (3)滴瓶上的滴管,使用后直接放回原瓶,不要用水洗
铁架台	用于固定和支持各种仪器	尽量保持干燥,不接触酸、碱、盐等
集气瓶	用于收集或贮存少量气体	(1)短时间贮存少量气体。 (2)不能用于加热
蒸发皿	用于溶液的蒸发,可直接加热	(1)溶液不超过容积的2/3。 (2)加热时要不断搅拌

考霸笔记:

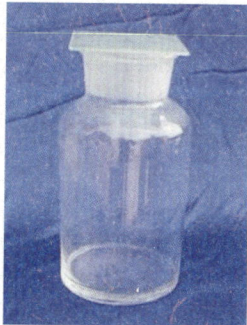

集气瓶不能加热。进行某些实验时,瓶底还应铺一层细砂或盛少量水,以免高温固体生成物溅落瓶底引起集气瓶炸裂。

续表

仪器	主要用途	使用注意事项
燃烧匙	用于可燃性固体物质的燃烧	防止接触酸、碱、盐等化学试剂
药匙 镊子	药匙用于取固体和粉末状药品,镊子用于取部分块状药品	使用后要擦拭干净

考霸笔记:

洁厕剂、打火机、香水、摩丝、鼠药、杀虫剂等,都是易燃易爆品,甚至能引起人体中毒、宠物致死。

核心考点 2　常见危险化学品的分类与标志

核心考点 3　实验药品的取用

1.固体药品的取用

	粉末状固体的取用	部分块状固体的取用
所用仪器	药匙或纸槽	镊子
取用方法	为避免药品沾在管口管壁上,应先使试管倾斜,把盛药品的药匙或纸槽小心送入试管的底部,然后使试管直立起来,让药品全部落入试管的底部	先将试管横放,将固体放入试管口以后,再将试管慢慢地竖立起来,让固体缓缓地滑到试管底部,以免打破试管

考霸笔记:

1.粉末状固体取用的记忆口诀:"一斜二送三直立";

2.密度较大的块状药品或金属颗粒取用的记忆口诀:"一横二放三慢竖"。

2.液体药品的取用

主要仪器	液体的倾倒	液体的量取	液体的滴加
	试剂瓶	量筒	滴管
操作方法	拿下瓶塞,并将瓶塞倒放在桌面上;拿起瓶子,标签向着手心,瓶口紧挨着试管口,使液体缓缓倒入试管中,倒完后,立即盖紧瓶塞,放回原处	量液时,量筒必须放平,视线与液体凹液面的最低处保持水平,读出液体的体积	用滴管取用液体时,滴管要保持竖直。橡胶胶帽在上;滴液时滴管不要伸入容器内,要悬在容器口上方 1 cm 左右,以免玷污滴管

考霸笔记:

1.液体药品取用较多量时采用试剂瓶倾倒法(一倒二向三紧挨);一定量时采用量筒量取法;较少量时采用滴管滴加法。

2.量筒的读数方法:

正确读数	错误读数	
视线与凹液面的最低处保持水平	仰视	俯视
	读数偏小	读数偏大

3.天平的使用

(1)天平是定量测量物质质量的重要仪器,化学实验中一般使用的是托盘天平,主要部件是托盘、分度盘、游码、标尺、砝码等。

(2)天平的使用操作要点:

称量前——调平,根据指针的摆动情况"左偏右调,右偏左调";

称量时——左物右码;

称量后——砝码回盒,游码回零。

(3)托盘天平的调零方法:将托盘天平放在平稳的桌面上→将游码移回标尺的0刻度处→调节平衡螺母,使指针正好指在分度盘的中间位置。

读出图中天平所示物体的质量	
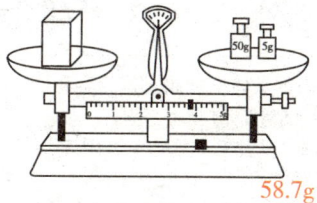 58.7g	托盘天平只能用于粗略的称量,能精确到0.1 g。

考霸笔记:

注意事项:

(1)实验前,核对实验用品是否齐全;实验时,按要求操作,不随意乱动实验用品;实验后,实验用品按要求摆放或丢弃。

(2)药品取用"三不"原则:不能用手接触任何药品;不能把鼻孔凑到容器口闻药品的气味;不能品尝任何药品的味道。

核心考点 4 物质的加热

考霸笔记：

　　试管破裂的原因分析：加热时没有预热，试管外壁有水，试管底接触灯芯；加热后立即用冷水冲洗等。总之，试管破裂的主要原因除了受外力撞击破损外（如碰在实验桌上、掉在地上等），主要是因为受热不均匀引起的。

★ 加热时，试管不能离火焰太远。

★ 加热时，试管不能与灯芯接触。

酒精灯的使用	两"检查"	检查灯芯顶端是否平整或烧焦
		检查灯里有无酒精，向灯里添加酒精时，不能超过酒精灯容积的2/3
	三"禁止"	绝对禁止向燃着的酒精灯里添加酒精，以免失火
		绝对禁止用酒精灯引燃另一只酒精灯
		用完酒精灯，必须用灯帽盖灭，禁止用嘴去吹
物质加热的方法	给液体加热	(1)试管外壁要保持干燥，试管内的液体不能超过试管容积的1/3。 (2)用试管夹夹持试管时，应由试管底部套上、取下。 (3)应该先进行预热，待试管均匀受热后，再用外焰固定加热。 (4)试管口向上倾斜，大约与桌面呈45°角，避免试管里的液体流出。试管口不能朝着自己和有人的方向，避免试管里的液体沸腾喷出伤人。 (5)加热后的试管不能立即用冷水冲洗
	给固体加热	试管口要略向下倾斜，避免药品中所含的水分在管口冷凝倒流，使试管炸裂

核心考点 5 仪器的洗涤和连接

仪器洗涤	洗涤方法	倒净废液,用水冲洗。若有不易洗掉的物质,用试管刷刷洗
	洗干净的标志	洗过的玻璃仪器内壁附着的水既不聚成水滴,也不成股流下
仪器的连接	玻璃管插入带孔橡皮塞	先把玻璃管口用水润湿,然后对准橡胶塞上的孔稍稍用力转动,使它插入
	连接玻璃管和胶皮管	先把玻璃管口用水润湿,然后稍稍用力即可把玻璃管插入胶皮管
	在容器口塞橡胶塞	应把橡胶塞慢慢转动着塞进容器口,切不可把容器放在桌上再使劲塞进塞子,以免压破容器

考霸笔记:

检查装置气密性方法:

(1)把导气管的一端浸在水中,用手紧握容器的外壁,看到导管口处有气泡冒出;

(2)松开手,过一会儿,导气管末端形成一段水柱,且较长时间内水柱不变化;

(3)据此,证明装置气密性良好,否则说明气密性不好。

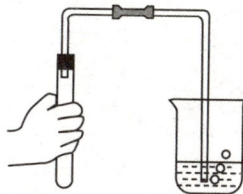

考霸笔记：

核心考点 **6** 易犯错误及后果

1.仪器使用不当造成的后果

仪器	用途	正确使用方法	错误操作导致的后果
试管	用作少量试剂的反应容器,在常温或加热时使用	加热后不能骤冷,加热时要预热	加热时不预热、试管外壁有水或加热后骤冷:试管受热不均匀炸裂
酒精灯	用于给物质加热	用火柴点燃,用灯帽盖灭,熄灭后用漏斗添加酒精	用燃着的酒精灯引燃另一只酒精灯、用嘴吹灭酒精灯或向燃着的酒精灯内添加酒精:可能引起酒精着火
胶头滴管滴瓶	胶头滴管用于吸取和滴加少量液体,滴瓶用于盛放少量液体药品	使用时保持竖直,胶头在上,不能横放或倒置	吸取液体后横放或倒置:液体会腐蚀胶头
烧杯	用作配制溶液和较大量试剂的反应容器,在常温或加热时使用	加热时必须放置在石棉网上	不垫石棉网直接加热:易受热不均匀炸裂
量筒	量度液体体积	只能用于量取液体,不能加热,不能作反应容器	用于加热或作反应容器:可能因热胀冷缩使其刻度不准确或使量筒炸裂

2.操作错误导致的后果

内容	正确操作	常见错误操作导致的后果
药品的取用	原则:"三不"原则,节约原则,处理原则	用剩的药品放回原瓶:可能会污染瓶内的药品
	粉末状固体:一斜、二送、三直立 块状固体:一横、二放、三慢(滑)	粉末未送到容器底:药品沾在容器壁上;块状固体直接放入直立的试管中:可能打破试管
	液体:药品的倾倒,量筒取液,滴管取液	倾倒液体,瓶口没有紧挨试管口:液体洒到试管外面;标签没有对准手心:药液流下腐蚀标签;瓶塞没有倒放:瓶塞被玷污
托盘天平的使用	称量时:左物右码,药品放在纸上或玻璃器皿里	"左码右物":称量物的实际质量=砝码的质量-游码的读数;腐蚀性的药品放在纸上称量:纸被腐蚀破,进而腐蚀托盘;易潮解的物质暴露在空气中称量:实际物质的质量偏小
物质的加热	用酒精灯外焰加热,液体不能超过试管容积的1/3	被加热的容器接触内焰或灯芯:受热不均匀,使容器炸裂;加热时,试管中的液体太多:沸腾时溅出伤人
连接仪器装置	仪器连接技巧:润、转	将胶塞塞进试管时,不旋转:塞不紧;太用力:试管破裂

考霸笔记:

1.塞子为什么要倒放在桌子上?为了防止塞子滚落摔损和污染试剂。

2.倾倒液体时,瓶口为什么要紧挨着试管口?防止试剂外流或溅落。

3.为什么标签要朝向手心?防止瓶口残留的试剂流下污染和腐蚀标签,造成该试剂不易辨别。

4.倒完液体后为什么要立即盖紧瓶塞?防止试剂长时间暴露在空气中受到污染和产生损耗,并防盖错瓶塞。

专题四　我们周围的空气

考霸笔记：

拉瓦锡

拉瓦锡研究空气
成分所用的装置

二百多年前，法国化学家拉瓦锡用定量的方法研究了空气的组成，得出空气由氧气和氮气组成，其中氧气约占空气总体积的五分之一的结论。

核心考点 1　空气的成分

1.空气的成分按体积分数计算

成分	氮气	氧气	稀有气体	二氧化碳	其他气体和杂质
体积分数	78%	21%	0.94%	0.03%	0.03%
说明	(1)以上分数为体积分数而不是质量分数，一般是此数值。 (2)稀有气体包括：氦气、氖气、氩气、氪气、氙气、氡气等				

2.空气中各成分的用途

气体	主要性质	主要用途
氧气	化学性质较活泼	支持燃烧，供给呼吸

续表

气体	主要性质	主要用途
氮气	化学性质不活泼	用于食品包装、焊接金属、填充灯泡的保护气,医疗冷冻麻醉剂
	一定条件下与氢气反应	合成氮肥
稀有气体	化学性质很不活泼	作保护气
	通电发出有色光	制作各种电光源、霓虹灯
	氦气的密度很小	用于制作飞艇、探空气球或节日庆典气球
	氦气沸点低	制造低温环境

核心考点 2　空气中氧气含量的探究

| 实验原理与装置 | 利用红磷燃烧生成五氧化二磷固体,消耗密闭容器内空气中的氧气,使密闭容器内压强减小,在大气压的作用下,吸入水的体积即为容器内减少的氧气的体积

红磷＋氧气 $\xrightarrow{\text{点燃}}$ 五氧化二磷 | 红磷 |

考霸笔记:

　　空气中各成分的含量一般来说是比较固定的,但不是一成不变的。在不同地区或同一地区的不同时间,空气中各成分的含量也可能有所不同。

　　一物到处有,用棒赶不走;眼睛看不见,手摸也没有;咀嚼无滋味,没它活不久。

　　　　　　　　——空气(氧气)

续表

考霸笔记：

做空气中氧气含量测定的实验时,选择的可燃物应具备两个条件：

1.该物质在空气中能燃烧且只与氧气反应；

2.该物质燃烧后生成物为固态或液态,所占空间体积的变化可忽略不计。

操作步骤	(1)连接装置,检查装置的气密性,将弹簧夹夹紧。(2)点燃红磷,立即伸入集气瓶,塞紧橡皮塞。(3)燃烧结束,冷却后,打开弹簧夹
实验现象	(1)红磷燃烧,产生大量白烟,放热。(2)冷却后,打开弹簧夹,进入集气瓶的水的体积约占原瓶内空气体积的1/5
结论分析	(1)进入集气瓶内的水的体积即为红磷燃烧消耗氧气的体积,说明氧气约占空气总体积的1/5。(2)剩余气体主要是氮气,同时说明:氮气不燃烧、不支持燃烧,也不与红磷反应,难溶于水
反思总结	(1)若测得氧气的体积小于1/5,可能的原因： ① 红磷的量不足,集气瓶内的氧气没有消耗完,压强没有降到最低,进入瓶内的水不到原瓶内气体体积的1/5 ② 装置的气密性不好,当红磷燃烧使瓶内氧气耗尽,瓶内压强减小时,产生压强差,外界空气进入了瓶中,导致进入集气瓶内的水少 ③未等集气瓶冷却就打开弹簧夹,瓶内压强还没有降到最小,进入的水的体积会小于集气瓶内原气体体积的1/5 (2)若测得氧气的体积大于1/5,可能的原因： 弹簧夹没有夹紧,红磷燃烧时瓶内气体会从导气管逸出,导致进入瓶内的水多

核心考点 *3* 纯净物和混合物

	纯净物	混合物
区别	只由一种物质组成,组成是固定的	由不同种物质组成,组成是不固定的
性质	有固定的物理性质(如有确定的熔、沸点)和化学性质	不具有固定性质(如没有确定的熔、沸点),各成分保持各自原有的化学性质
表示方法	有固定的化学符号(化学式)	多种成分,不能用某一化学符号(化学式)表示
微观	由同种微粒构成	由不同种微粒构成
实例	氧气、氢气、水、二氧化碳、高锰酸钾等	空气、海水、合金、煤、石油、天然气等
联系	纯净物 ⟵混合⟶ 混合物 提纯	
说明	判断混合物与纯净物要看组成,不能看名称,如冰水混合物属于纯净物	

考霸笔记:

混合物都是由纯净物组成的。例如,氮气、氧气等都是纯净物,他们混合在一起组成混合物空气。

核心考点 4　空气污染及危害

考霸笔记：

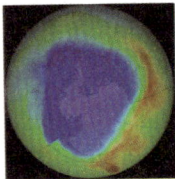

奥氧层受到破坏，产生奥氧空洞。
空气污染已经严重影响人们的生活！
保护空气，人人有责！

空气成分别忘记，主要成分氮氧气。
氮七八，氧二一，零点九四是稀气。
还有两零点零三，二氧化碳和杂气。
百分体积要记清，莫要当成质量比。

污染的原因	含碳燃料的燃烧
	工厂的废气
	飞机、汽车等交通工具的尾气
污染的危害	危害动植物的生命与健康，影响作物生长，破坏生态平衡；酸雨；臭氧层空洞
空气污染物	气体污染物：SO_2、NO_2、CO
	可吸入颗粒物（粉尘）
防治措施	使用清洁能源；植树造林

专题五　维持生命的气体(1)——氧气

核心考点 1　氧气的物理性质

颜色	气味	密度	溶解性	状态
无色	无味	标准状况下,1.429 g/L,比空气大	不易溶于水,通常状况下,1升水中大约能溶解30 mL氧气	气态 ↓101 kPa,−183 ℃ 液态(淡蓝色) ↓101 kPa,−218 ℃ 雪花状固体(淡蓝色)
说明	(1)氧气的溶解性,不能说成"不溶于水",而是"不易溶于水"。 (2)氧气的三态变化,尽管有颜色的变化,但因为没有生成新物质,故是物理变化			

考霸笔记:

带有火星的木条

氧气

木条复燃

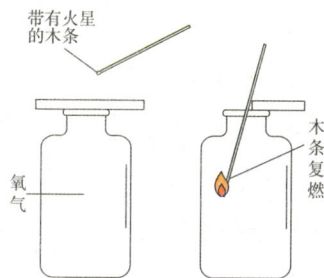

一般用带火星的木条检验氧气:

在空气中,带火星的木条不复燃;

在氧气中,带火星的木条复燃且剧烈燃烧。

核心考点 *2*　　氧气的化学性质

1.硫、铁、木炭在空气或氧气中燃烧的探究

考霸笔记：

1.描述物质的燃烧现象——"一光、二热、三生成"。如硫在空气中燃烧的现象为:发出淡蓝色火焰,放出热量,生成刺激性气味气体。

2.同一种物质在空气中和在氧气中燃烧的现象是不同的,这是因为物质燃烧的剧烈程度与氧气的浓度有关,氧气浓度越高,燃烧越剧烈。

反应装置图	反应现象		文字表达式
	在空气中燃烧	在氧气中燃烧	
氧气 硫 水	发出淡蓝色的火焰,生成刺激性气味气体,放出热量	发出明亮的蓝紫色火焰,生成刺激性气味气体,放出热量	硫 + 氧气 $\xrightarrow{点燃}$ 二氧化硫
氧气 铁丝 水	不燃烧	剧烈燃烧,火星四射,生成黑色固体,放出大量的热	铁 + 氧气 $\xrightarrow{点燃}$ 四氧化三铁
氧气 木炭 石灰水	红热,生成使澄清石灰水变浑浊的气体,放出热量	发出白光,生成使澄清石灰水变浑浊的气体,放出热量	碳 + 氧气 $\xrightarrow{点燃}$ 二氧化碳

续表

反应装置图	反应现象		文字表达式
	在空气中燃烧	在氧气中燃烧	
结论	氧气的化学性质比较活泼,能与很多物质反应。物质在氧气中比在空气中燃烧更剧烈		
说明	(1)铁丝燃烧,水的作用:降低生成物的温度,防止生成物落入集气瓶底面使其炸裂,水也可以用细沙代替。 (2)硫燃烧,水的作用:吸收生成的二氧化硫,防止其污染空气。 (3)做铁丝燃烧的实验时,注意:①做铁丝燃烧实验前,一定要将铁丝表面的锈用砂纸擦掉;②火柴的作用是引燃,要等火柴快燃尽时由上而下慢慢伸入瓶中,避免火柴燃烧消耗较多的氧气;③铁丝要绕成螺旋状,目的是增大与氧气的接触面积,使燃烧更充分		

考霸笔记:

铁丝绕成螺旋状的目的:增大受热面积,减少热量散失。

考霸笔记：

木炭燃烧产生火光

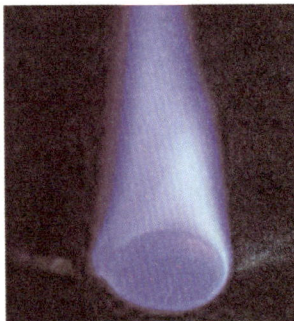

硫燃烧产生火焰

2.注意区分烟和雾,火星、火光和火焰

烟	固体小颗粒在空气中扩散所形成的现象。为固体,因为重量很轻可以飘在空气中,形成了烟。可以通过燃烧固体产生,如磷燃烧,产生白烟。
雾	液体小液滴(或冰晶)在空气中分散所形成的现象。近地面层空气中水汽凝结(或凝华)形成了雾。可通过冷却、加湿等产生,如打开盛浓盐酸的瓶塞,产生大量白雾。
火星、火光	熔点很高的固体燃烧产生的现象。如铁丝燃烧产生火星,木炭燃烧产生火光等。
火焰	气体的燃烧或沸点低的固体物质燃烧或液体的蒸汽燃烧产生的现象。如硫、酒精、天然气等燃烧产生火焰

核心考点 3 化合反应与氧化反应

	化合反应	氧化反应
概念	由两种或两种以上物质生成一种物质的反应,叫作化合反应。 其特点是"多变一",可表示为 A＋B＋……——→ N	物质与氧发生的化学反应属于氧化反应。 分为:剧烈氧化和缓慢氧化。剧烈氧化就是通常所说的燃烧,常伴随发光、放热等现象;缓慢氧化是反应进行得非常缓慢,甚至不易觉察的氧化,如动植物的新陈代谢、金属的锈蚀、食物的腐败、酒和醋的酿造等,这类反应只放热,不发光

续表

	化合反应	氧化反应
区别	反应物必须是两种或两种以上,生成物必须是一种	不限定反应物和生成物的种类
联系		

化合反应　　　　氧化反应

既是化合反应，又是氧化反应

考霸笔记：

化合反应属于基本反应类型;氧化反应不属于基本反应类型。

专题六　维持生命的气体(2)
——制取氧气

考霸笔记:

①　　　②

因氧气不易溶于水,故可用排水法收集,装置如图①②。

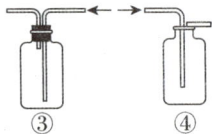

③　　　④

因氧气密度比空气略大,还可用向上排空气法收集,装置如图③④。

核心考点 **1**　氧气的实验室制法

方法	过氧化氢分解	加热高锰酸钾或氯酸钾
原理	过氧化氢 $\xrightarrow{\text{二氧化锰}}$ 水+氧气	高锰酸钾 $\xrightarrow{\text{加热}}$ 锰酸钾+二氧化锰+氧气 氯酸钾 $\xrightarrow[\text{加热}]{\text{二氧化锰}}$ 氯化钾+氧气
装置	过氧化氢溶液　二氧化锰	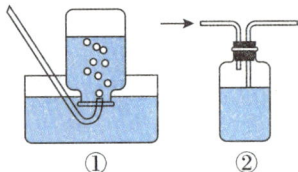

续表

方法	过氧化氢分解	加热高锰酸钾或氯酸钾
步骤	(1)检查气密性；　(2)装入二氧化锰；　(3)通过分液漏斗或长颈漏斗加入过氧化氢溶液；　(4)收集	(1)检查气密性；　(2)装药品；　(3)固定装置；　(4)加热；　(5)收集；　(6)将导管移出水面；　(7)熄灭酒精灯
检验	将带火星的木条伸入瓶内,若复燃,证明是氧气	
收集与验满	(1)排水法(氧气不易溶于水):若看到瓶口冒出大气泡,证明已经收集满 (2)向上排空气法(氧气密度比空气大):将带火星的木条放于瓶口,如复燃,证明已经收集满	
说明	如果使用长颈漏斗,则漏斗末端必须插到液面以下,防止生成的气体逸出	使用高锰酸钾时,试管口必须放一团棉花,防止药品堵塞导管

考霸笔记：

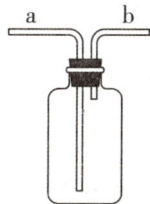

大家好,我是"多功能瓶",我除了能收集气体外,还能除杂、洗气、干燥等！如果用来收集气体：

(1)可以用排水法——短管进气,长管出水(刚开始放出的气体不是纯氧,过一会儿才可收集)。

(2)可以用排空气法:若密度比空气大的气体(如氧气、二氧化碳等)——长进短出;若密度比空气小的气体(如氢气等)——短进长出。

核心考点 2   催化剂和催化作用

1.探究催化剂的作用

考霸笔记：

注意啦！

二氧化锰可以加快过氧化氢的分解速率,但二氧化锰并不是在任何情况下都作催化剂或都能起催化作用。

实验编号	现象	原因	结论
(1)在试管内装入 5 mL 5%的过氧化氢溶液,用带火星的木条检验	木条不复燃	放出的氧气很少	二氧化锰能使过氧化氢在常温下迅速放出氧气
(2)向试管内加入少量事先称量好的二氧化锰,用带火星的木条检验	木条复燃	放出的氧气较多	
(3)待实验(2)的试管中无气泡产生时,重新加入过氧化氢溶液	又产生气泡,用带火星的木条检验,木条复燃	二氧化锰可重复使用,再次加快过氧化氢的分解速率	二氧化锰可以重复使用,说明二氧化锰的化学性质没有变化
(4)将上述试管中的物质过滤,并将二氧化锰干燥、称量	二氧化锰的质量与反应前相等	二氧化锰的质量没有减少,也没有增加	二氧化锰作催化剂,反应前后质量不变

续表

实验编号	现象	原因	结论
总结	催化剂能改变其他物质的化学反应速率而本身的质量和化学性质不变		

2.催化剂的"真面目"

（1）催化剂的作用是改变化学反应的速率,这里的"改变"包含加快和减慢两种情况,即催化剂有"正负"之分。加快反应速率的叫正催化剂,减慢反应速率的叫负催化剂。如食品里的防腐剂,就是为了减慢氧化速率,延长食品的保质期。

（2）催化剂不改变生成物的量,不能决定反应的发生和停止。

（3）同一个反应可有不同的催化剂,但催化效果可能不同。在过氧化氢分解的反应中,除了可以用二氧化锰作催化剂外,用氧化铜、氧化铁等都可以,甚至红砖粉、土豆块也可以呢!

（4）在化学反应前后,催化剂的质量和化学性质不变,但物理性质可能改变。在一个化学反应中,催化剂不是一个"旁观者",而是一个"参与者",它先作为反应物参与了这个化学反应的过程,然后又作为生成物被"生"了出来,所以质量没变,但外形、颗粒大小等物理性质可能改变了。

考霸笔记：

我可不是一个普通的土豆呦～我可是可以作催化剂的呢!

考霸笔记：

催化剂的特点"一变二不变"——一变是改变反应速率;二不变是反应前后的质量不变、化学性质不变。

考霸笔记：

试管a　　试管b

水

通电

水分子　氧原子　氢原子　　氧原子 氢原子

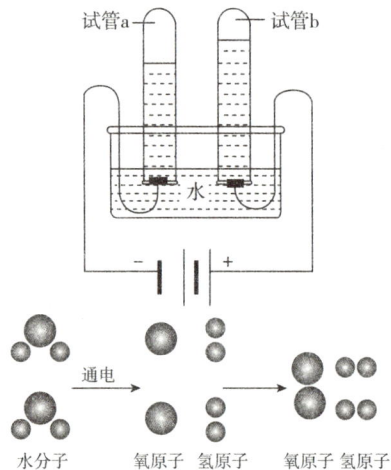

水通电分解生成氢气和氧气，正极产生氧气（试管 b），负极产生氢气（试管 a），二者的体积比是 1∶2，该反应符合一变多的反应，属分解反应。

核心考点 3　化合反应与分解反应

反应类型	分解反应	化合反应
定义	由一种反应物生成两种或两种以上其他物质的反应（概括为"一变多"）	由两种或两种以上物质生成一种物质的反应（概括为"多变一"）
反应物种类	一种	两种或两种以上
生成物的种类	两种或两种以上	一种
表达式	A $\longrightarrow$ B+C+……	B+C+…… $\longrightarrow$ A
举例	水 $\xrightarrow{\text{通电}}$ 氢气+氧气 过氧化氢 $\xrightarrow{\text{二氧化锰}}$ 水 + 氧气 氯酸钾 $\xrightarrow{\text{加热}}$ 氯化钾+氧气 高锰酸钾 $\xrightarrow{\text{加热}}$ 锰酸钾+二氧化锰+氧气	磷+氧气 $\xrightarrow{\text{点燃}}$ 五氧化二磷 铁+氧气 $\xrightarrow{\text{点燃}}$ 四氧化三铁 镁+氧气 $\xrightarrow{\text{点燃}}$ 氧化镁
说明	化合反应、分解反应属于基本反应类型，是根据反应物和生成物的种类对反应进行分类的	

核心考点 4　氧气的工业制法

制取方法	原理
分离液态空气法	在低温条件下,使空气转化为液态,然后蒸发。 由于液态氮的沸点（−196 ℃）比液态氧（−183℃）的低,因此,氮气首先从液态空气中蒸发出来,剩下的主要是液态氧。如图所示: 氮气-196 ℃沸腾 氩气-186 ℃沸腾 液态空气 氧气-183 ℃沸腾
膜分离法	在一定压力下,让空气通过具有富集氧气功能的薄膜,可得到含氧量较高的富氧空气。通过多级分离可以得到纯度很高的氧气
说明	(1)工业制氧气和实验室制氧气的区别是实验室制氧气发生的是化学变化,属于分解反应;工业制氧气发生的是物理变化,属于混合物的分离,没有生成新物质,属于物理变化。 (2)分离液态空气制氧气的方法,成本低廉,适合大量制取氧气,但设备庞大,不适合实验室采用。工业生产需考虑原料是否易得、价格是否便宜、成本是否低廉、能否大量生产及对环境的影响等。而实验室制取氧气考虑的是装置是否简单、操作是否方便、条件是否容易达到、制取的气体是否纯净以及是否容易收集等因素。 (3)工业制取的氧气通常盛在蓝色钢瓶中,用于医疗、化学工业、焊接工业等

考霸笔记:

膜分离法是利用空气中各组分透过膜时的渗透速率不同,在压力差驱动下,使空气中氧气优先通过膜而得到富氧空气。在一定压力下,让空气通过具有富集氧气功能的薄膜,可得到含氧量较高的富氧空气。利用这种膜进行多次分离,可以得到氧气含量90%以上的富氧空气。富氧膜的研究在医疗、发酵工业、化学工业、富氧燃烧等方面得到重要应用。

专题七 物质的构成(1)
——分子和原子

 考霸笔记:

核心考点 *1* 构成物质的微粒

1.构成物质的微粒:分子、原子等微观粒子,其中,分子又由原子构成。

2.由分子构成的物质:例如水、二氧化碳、氢气、氧气等物质。

3.由原子构成的物质:例如金属、稀有气体、金刚石、石墨等物质。

4.构成物质的描述:物质由××分子(或原子)构成。

5.微观粒子是真实存在的:通过先进的科学仪器不仅能够观察到一些分子和原子,还能移动原子。

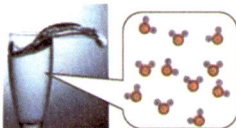 

水分子
（H_2O）

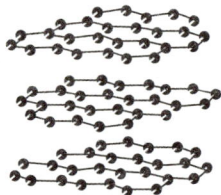

石墨

水由水分子构成,石墨由碳原子构成。

核心考点 *2*　探究分子的运动

实验	实验现象	实验解释
(1)品红的溶解 在分别盛冷水和热水的小烧杯中各加入等量品红	品红逐渐扩散,且在热水中比在冷水中扩散得快,最后整杯水变为红色	分子是不断运动的,温度越高,运动越快,品红分子运动到水分子间的空隙中
(2)氨分子的运动 如图所示,在A、B两个小烧杯中分别盛有无色酚酞溶液和浓氨水 浓氨水　　酚酞溶液 B　A	烧杯A中的溶液由无色变红色	因为B中浓氨水挥发出来的氨分子运动到A烧杯中,使酚酞变红
结论	分子总是在不断运动的,且温度越高,运动速率越快	
与分子运动有关的事例	酒精、汽油的挥发,湿衣服晾干,闻到花香或饭菜香味,警犬跟踪罪犯,搜救犬寻找生命等	

考霸笔记：

品红在水中不断扩散,最后溶液变成红色。

闻到饭菜的香味,是由于分子总是在做无规则运动,夏天香味散发得更快,说明温度越高,分子运动越快。

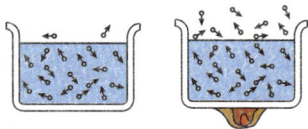

温度越高，分子运动越快！

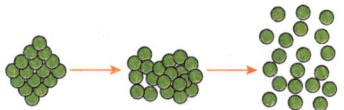

固态示意图　液态示意图　气态示意图

一般情况分子间间隔：气＞液＞固

核心考点 **3**　分子的性质

1.含义：由分子构成的物质分子是保持其化学性质的最小微粒。例如，氢分子是保持氢气化学性质的最小粒子。

对其含义的理解：

(1)"保持"的含义是指构成该物质的每一个分子与该物质的化学性质是一致的。

(2)分子只能保持物质的化学性质，不能保持物质的物理性质。因为物质的物理性质，如颜色、状态等是该物质的大量分子聚集后表现出的性质，并不是单个分子所能保持的。

2.基本性质：

(1)质量、体积都很小。1个水分子的质量约为 $3×10^{-26}$ kg，一滴水(以20滴水为1 mL 计)中大约有 $1.67×10^{21}$ 个水分子。

(2)在不停地运动且与温度有关。例如，夏天的花香，水的挥发，品红的扩散等。

(3)分子间存在间隔。相同质量的同一种物质在固态、液态和气态时所占体积不同，是因为它们分子间的间隔不同。例如，物体的热胀冷缩现象就是物质分子间的间隔受热时增大，遇冷时缩小的缘故。

(4)同种物质间分子的性质相同,不同物质间分子的性质不同。例如,固态氢和液态氢都具有可燃性;氢气具有可燃性,氧气具有氧化性。

核心考点 **4**　原子的性质

1.含义:化学变化中的最小粒子。

对其含义的理解:原子在化学变化中不能再分,即化学反应不能将原子分成更小的粒子,但脱离"化学反应"这一前提,原子仍可以分成更小的粒子,如质子、中子、电子。

2.基本性质:

(1)原子的质量和体积都很小。

(2)原子与分子一样,也处于不停地运动之中。

(3)原子间有一定的间隔。

(4)原子可以构成分子,也可以直接构成物质。

考霸笔记:

原子在化学变化中不可再分,因为化学变化是物质之间的变化;原子在物理变化中可以再分,这类反应属于核反应,是由一种元素生成另一种元素。

核心考点 5 　分子与原子的区别与联系

	分子	原子
相同点	(1)都是构成物质的一种微粒;(2)质量、体积都非常小;(3)彼此间有间隔;(4)总是在不停地运动;(5)同种分子(或原子)性质相同,不同种分子(或原子)性质不同	
不同点	在化学反应中,分子可以分为原子,原子又可以重新组合成新的分子	在化学反应中,原子不可以再分,不能再变为其他粒子,是化学变化中的最小粒子
构成物质举例	水、氧气、氢气、氮气、二氧化碳等	金属(如铁、铜、铝、汞等)、稀有气体、碳、硅等
相互关系	原子构成分子,分子通过化学变化可以再分解为原子	
化学反应举例	氧化汞 $\xrightarrow{加热}$ 汞+氧气 氧化汞分子分解为汞原子和氧原子;汞原子直接构成金属汞,氧原子先构成氧分子,氧分子构成氧气	

考霸笔记:

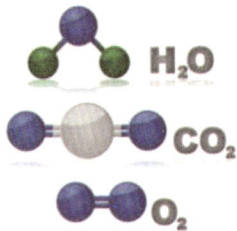

氢原子、氧原子构成水分子,水分子构成水;碳原子、氧原子构成二氧化碳分子,二氧化碳分子构成二氧化碳气体;氧原子构成氧分子,氧分子构成氧气。

核心考点 6　从分子的角度判断混合物与纯净物

	特点	微观图示	举例
纯净物	由一种分子构成		氧气(只含氧分子)、氮气(只含氮分子)、水(只含水分子)、二氧化碳(只含二氧化碳分子)等,都属于纯净物
混合物	由两种或两种以上的分子构成		空气含有氧气分子、氮气分子、二氧化碳分子、水分子等,属于混合物

核心考点 7　从分子的角度判断物理变化和化学变化

	特点	微观图示	举例
物理变化	分子的种类不变	水变为水蒸气 液态水　　气态水	水蒸发、分离液态空气、二氧化碳制成干冰等

考霸笔记:

　　从分子角度分析:冰和水都是由水分子构成的物质,因此,冰水混合物是纯净物。

续表

	特点	微观图示	举例
化学变化	分子的种类改变	水通电分解生成氢气和氧气 水分子　氢原子　氧原子　氢分子　氧分子	水电解、氢气燃烧等

考霸笔记：

巧用微观图示

1.通过微观图示理解化学概念

化学概念多与分子、原子等微观粒子有关。这些粒子非常抽象，同学们可根据粒子的结构设计一些模型图，帮助理解概念。如：

氧原子　　氢原子　　　水分子　　　　氧分子　　氢分子

2.通过微观图示理解物质的分类

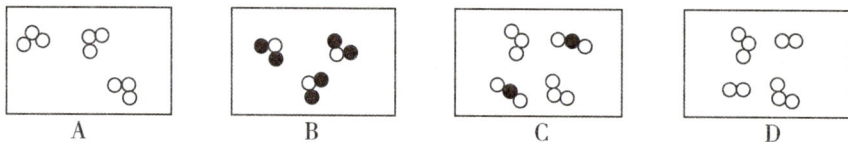

A　　　　　　　B　　　　　　　C　　　　　　　D

A、B 是由同种分子构成,表示纯净物,其中 A 的分子含有同种原子,属于单质,B 的分子含有不同种原子,属于化合物;C、D 由不同种分子构成,属于混合物。

3.通过微观图示判断物质的变化

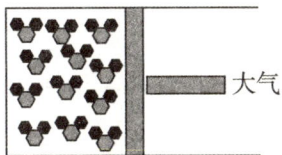

A.水分子之间的间隔变大

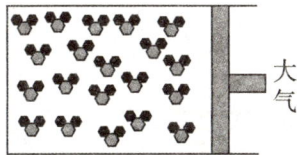

B.水分子的数目增多

左图表示原物质状态,右 2 幅图表示物质的变化。

原子与分子共同性质口诀:

小动间同——小:质量和体积都很小;动:微观粒子总是在不断运动;间:之间都有间隔;同:同种物质的微观粒子的化学性质相同。

专题八 物质的构成(2)——原子的结构

 考霸笔记:

原子核比原子小得多

核心考点 1 原子的构成

1.原子的构成

(1)原子由电子和原子核构成,原子核位于原子中心,体积很小,电子在核外高速运转。

(2)一个电子带一个单位负电荷。

(3)原子核又由中子和质子组成,质子带一个单位正电荷,中子不带电。

(4)原子不显电性,原因是原子核内质子所带电荷与核外电子的电荷数量相等,电性相反。

(5)核电荷数＝核内质子数＝核外电子数。

(6)相对原子而言,原子核体积小,质量大,带正电。

2.原子种类的区分

原子种类	核电荷数	原子核		核外电子数
		质子数	中子数	
氢	1	1	0	1
碳	6	6	6	6
氧	8	8	8	8
钠	11	11	12	11
镁	12	12	12	12

从表中可以得出：

(1)质子和中子构成原子核。

(2)大多数原子都是由质子、中子、核外电子三种微粒构成的,但氢原子的核内没有中子,只有一个质子。

(3)不同种类的原子,核内质子数不同,但中子数可能相同。

(4)在原子中,核电荷数＝核内质子数＝核外电子数,即:核电荷数与质子数和核外电子数一定相等,但不一定等于中子数。

(5)原子不显电性的原因是原子核所带的正电荷数与核外电子所带的负电荷数相等,电性相反,彼此抵消。

考霸笔记：

科学史话——原子结构的探索历程

英国化学家道尔顿　　实心球模型

1803年,道尔顿提出,构成物质的最小粒子是原子,原子是不可再分的实心球体。

英国物理学家汤姆生　　枣糕模型

1897年,汤姆生在原子内部发现了电子,人们终于抛弃了原子不可分割的陈旧观念。

英国科学家卢瑟福　　行星有核模型

1911年,卢瑟福通过精密的实验证明,在原子中心有一个极小的核,电子绕核高速旋转。

电子层

原子核

核心考点 2　原子核外电子的排布

1.电子层

在原子内,核外电子围绕原子核做高速运动,在含有多个电子的原子里,有的电子通常在离核较近的区域运动,有的电子通常在离核较远的区域运动,科学家形象地将这些区域称为电子层。离核最近的电子层为第一层,次之为第二层,再之为第三层,依此类推为四、五、六、七层,离核最远的电子层为最外层。

其中,离核近的电子能量较低,离核越远,电子的能量越高。

2.核外电子的分层排布

(1)特点:核外电子是分层运动的,这种分层运动也叫分层排布。

(2)规律:①第一层最多能容纳 2 个电子,第二层最多能容纳 8 个电子,除第一层外,各电子层最多容纳的电子数目为 $2n^2$ 个,其中 n 代表电子层序数,如第二电子层最多容纳的电子数目为 $2\times 2^2=8$。②各种元素的原子最外层电子数不得超过 8 个(除第一层不超过 2 个),次外层(即倒数第二层)不得超过 18 个……③电子排布的顺序一般为:第一层、第二层、第三层……,即排满第一层才能排第二层,排满第二层才能排第三层……

核心考点 3　原子结构示意图

1.构成

由原子核及核内质子数、电子层及各层电子数等组成。

2.示例

以钠原子为例

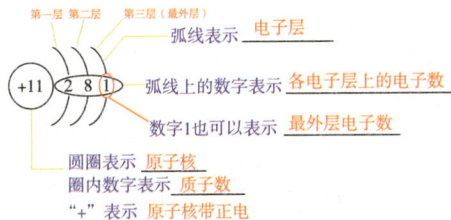

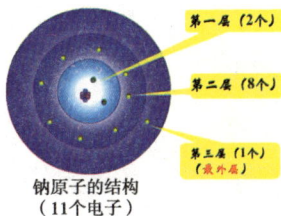

第一层 第二层 第三层（最外层）

弧线表示 → 电子层

+11　2 8 1

弧线上的数字表示 → 各电子层上的电子数

数字1也可以表示 → 最外层电子数

圆圈表示 → 原子核
圈内数字表示 → 质子数
"+"表示 → 原子核带正电

第一层（2个）

第二层（8个）

第三层（1个）
（最外层）

钠原子的结构
（11个电子）

3.部分原子结构示意图

考霸笔记：

　　通过原子结构示意图能看出原子核内的质子数和核外电子数,但不能确定中子数。

核心考点 4　最外层电子数与化学性质的关系

元素种类	最外层电子数	得失电子	化学性质	结论
金属元素,如 Na、Mg、Al	一般少于 4 个	易失去最外层电子,形成阳离子	活泼	最外层电子数决定元素的化学性质
非金属元素,如 O、F、S、Cl	一般多于 4 个	易得到电子形成阴离子	活泼	
稀有气体元素,如 He、Ne、Ar	He 2 个,Ne、Ar 等 8 个	不易得、失电子	很稳定	

考霸笔记:

　　金属易失去电子,形成阳离子;非金属易得到电子,形成阴离子。

　　由表可知:原子的化学性质主要取决于原子的最外层电子数。原子最外层电子达到 8 电子的相对稳定结构(第一层为最外层时是 2 个电子)的,该原子性质稳定。

核心考点 **5** 离子

1.定义

带电的原子(或原子团)叫作离子。

2.分类

①阳离子——带正电的原子(或原子团);②阴离子——带负电的原子(或原子团)。

3.形成

①金属原子的最外层电子一般都少于 4 个,在化学反应中易失去电子,失去电子后,电子层数减少一层,且质子数大于核外电子数,所以带正电,为阳离子;②非金属原子的最外层电子一般都多于 4 个,在化学反应中易得到电子,得到电子后,电子层数不变,但质子数小于核外电子数,所以带负电,为阴离子。

4.表示方法

①在元素(或原子团)符号的右上角标明离子所带的电荷,数值在前,正、负号在后(如 $n+$ 或 $n-$);②当离子带 1 个单位的正电荷或 1 个单位负电荷时,"1"可以省略;③电荷数等于原子得失的电子数目。

例:O^{2-} ①表示一个氧离子;
　　　②表示每个氧离子带 2 个单位的负电荷。

考霸笔记:

等离子体≠离子

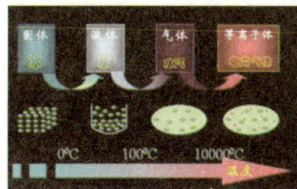

等离子体是由带正、负电荷的离子和电子,也可能还有一些中性的原子和分子所组成的集合体。在宏观上一般呈电中性。等离子体可以是固态、液态和气态。

考霸笔记：

    钠原子失去电子变为阳离子,氯原子得到电子变为阴离子,然后利用阴阳离子的静电作用形成化合物,即氯化钠是由离子构成的。

5.离子也是构成物质的一种粒子

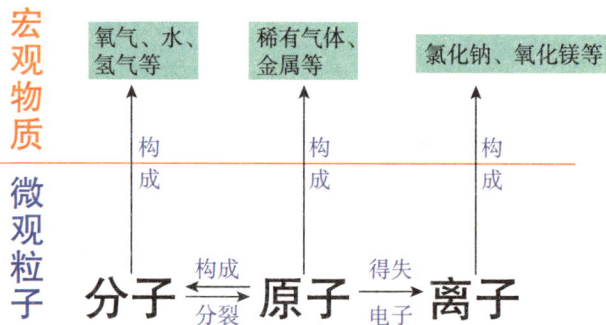

<table>
<tr><td rowspan="2">宏观物质</td><td>氧气、水、氢气等</td><td>稀有气体、金属等</td><td>氯化钠、氧化镁等</td></tr>
<tr><td>构成</td><td>构成</td><td>构成</td></tr>
</table>

微观粒子

$$分子 \underset{分裂}{\overset{构成}{\rightleftharpoons}} 原子 \xrightarrow{\overset{得失}{}电子} 离子$$

6.原子和离子的区别和联系

粒子种类		原子	离子	
			阳离子	阴离子
区别	结构	质子数＝核外电子数	质子数＞核外电子数	质子数＜核外电子数
	电性	不显电性	带正电	带负电
	符号	元素符号（H）	离子符号（H^+）	离子符号（Cl^-）
联系		阳离子 $\underset{失电子}{\overset{得电子}{\rightleftharpoons}}$ 原子 $\underset{失电子}{\overset{得电子}{\rightleftharpoons}}$ 阴离子		

核心考点 6 相对原子质量

1.相对原子质量

概念	以一种碳原子(原子核内有 6 个质子和 6 个中子)质量的1/12为基准,其他原子的质量与它相比较所得到的比,作为这种原子的相对原子质量
计算公式	相对原子质量 $= \dfrac{一个某原子的质量}{一个碳原子质量的 1/12}$
近似值	相对原子质量≈质子数＋中子数
说明	(1)自然界中的碳原子有多种,如C−12(6个质子、6个中子)、C−13(6个质子、7个中子)、C−14(6个质子、8个中子)等,其共同点是核内质子数相同,而中子数不同,故其质量也不同。作相对原子质量标准的是C−12原子,它的质量的 1/12 是 1.66×10^{-27} kg。 (2)相对原子质量尽管不是原子的实际质量,但也可以通过比较相对原子质量来比较两种原子实际质量的大小。由于不同的原子求相对原子质量时采用的标准相同,故相对原子质量大的实际质量就大

考霸笔记:

粒子种类	电性	质量
质子	一个单位正电荷	1.6726×10^{-27} kg
中子	不带电	1.6749×10^{-27} kg
电子	一个单位负电荷	质子质量的1/1836
说明	由于电子的质量很小,可以忽略不计,故原子的质量主要集中在原子核上	

2.原子质量和相对原子质量的区别和联系

	原子质量	相对原子质量
数值来源	测定	比较
性质	绝对,表示实际质量	相对,表示相对质量
数值大小	很小	一般取正整数
单位	kg	1
两者联系	$$\text{相对原子质量} = \frac{\text{一个某原子的质量}}{\text{一个碳原子质量的1/12}}$$ 原子实际质量越大,它的相对原子质量数值越大	

专题九　物质的构成(3)——元素

核心考点 *1*　元素

1.概念

元素是具有相同核电荷数(即质子数)的一类原子的总称。对概念的理解为：

(1)元素既然是一类原子,就不是一个或几个,而是同一类原子的总称,是一个宏观概念。

(2)物质的分类一定要有分类标准,原子的分类也要有标准。元素就是按照核电荷数(即核内质子数)的不同对原子进行分类的,即不同元素的原子其根本区别是核内质子数不同。如质子数为 8 的原子,无论在哪种物质中存在,一定属于氧元素;质子数为 6 的原子,一定属于碳元素。

(3)原子核外电子数不能作为元素的分类标准。一种元素的原子在得失

考霸笔记：

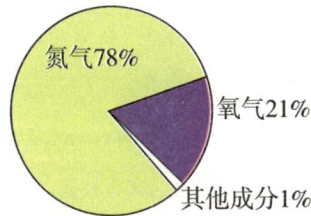

空气中含量居前两位的元素分别为氮元素和氧元素。

考霸笔记：

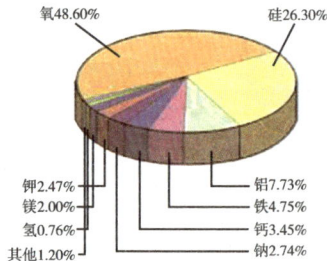

氧48.60%　硅26.30%

钾2.47%
镁2.00%
氢0.76%
其他1.20%
铝7.73%
铁4.75%
钙3.45%
钠2.74%

地壳中元素含量由多到少的顺序为：氧、硅、铝、铁、钙等。

地壳中的元素（除"其他"外）属于金属的有铝、铁、钙、钠、钾、镁六种，属于非金属的有氧、硅、氢三种。

生物细胞中居于前四位的元素是：氧（65%）、碳（18%）、氢（10%）、氮（3%）。

元素只讲种类，不讲个数。

电子后，核外电子数发生改变，但核内质子数不变，仍然属于同种元素。如钠原子(Na)失去一个电子变为钠离子(Na^+)，Na与Na^+核外电子数不同，核内质子数相同，都属于钠元素。

(4)原子核内的中子数也不能作为元素分类的标准。同种元素的不同原子，中子数不同。如$C-12$（核内有 6 个质子和 6 个中子）与$C-13$（核内有 6 个质子和 7 个中子）以及$C-14$（核内有 6 个质子和 8 个中子），都属于碳元素。

2.元素的存在

元素有两种存在形态：一种是以游离态（单质形式）存在，如氧气中的氧元素就是以游离态存在；另一种是以化合态（化合物形式）存在，如水中的氧元素就是以化合态存在。

3.元素的分类

金属元素	元素名称有"钅"旁（汞和金除外），如钠、铁、铜等
非金属元素	带"气"字头的，表示气态非金属，如氧、氮、氢等；带"氵"旁的为液态非金属，如溴；带"石"字旁的为固态非金属，如硫、磷、碳等
稀有气体元素	均为"气"字头，如氦、氖、氩等

核心考点 2　物质、分子、原子、元素之间的关系

1.元素与原子的关系

项目		元素	原子
定义		质子数(即核电荷数)相同的一类原子的总称	化学变化中的最小粒子
区别	含义	宏观概念:只表示种类,不表示个数。一般描述物质的组成	微观概念:既表示种类,又表示个数。一般描述分子的构成
	适应范围	表示物质的宏观组成。如水是由氢、氧两种元素组成的	表示物质的微观构成。如:一个水分子是由两个氢原子和一个氧原子构成的
联系		元素是一类原子的总称。元素和原子是整体与个体的关系,原子是元素的个体,是构成元素性质的最小微粒	

2.原子、分子、元素的关系

关系	
说明	(1)在以上四个概念中,没有关系的两个概念是分子和元素,不能用分子描述元素,也不能用元素描述分子,元素是宏观概念,与原子的种类有关;分子是微观概念,与原子的个数有关。 (2)对于物质可以从宏观和微观两个方面来描述。从微观上讲,物质是由分子、原子、离子等微观粒子构成的;从宏观上讲,物质是由元素组成的,不同种物质可以由相同的元素组成,如 H_2O 和 H_2O_2,构成两种物质的分子种类不同,每个分子中所含的原子个数也不同,但原子的种类相同,因而元素的种类也相同

3.物质构成的基本概念及其相互之间的关系

物质	名称	含义	举例
构成粒子（微观）	分子	分子是保持由分子构成的物质化学性质的最小粒子	水由水分子构成,氧气由氧分子构成
	原子	原子是化学变化中的最小粒子	铁由铁原子构成,碳由碳原子构成
	离子	带电的原子或原子团	氯化钠由钠离子和氯离子构成
化学组成（宏观）	元素	具有相同核电荷数（即核内质子数）的一类原子的总称	水由氢、氧两种元素组成;氯化钠由钠元素和氯元素组成
相互关系	元素→物质 离子 原子 分子 原子核—质子 中子 核外电子		

考霸笔记：

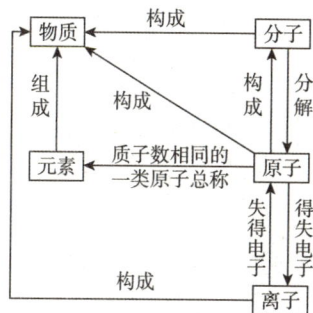

核心考点 **3**　元素符号

概念	每一种元素除了有中文名称外,还有国际上通用的符号,即元素符号。国际上统一采用元素拉丁文名称的第一个字母(大写)来表示元素,如果几种元素拉丁文名称的第一个字母相同,就附加一个小写字母来区别
书写	(1)由一个字母表示的元素符号要大写,如 C、H、O、S 等。 (2)由两个字母表示的元素符号,第一个字母大写,第二个字母小写,如 Na、Ca、Cl 等
意义	(1)表示一种元素(宏观意义)。 (2)表示一个原子(微观意义)。 如:H $\begin{cases}\text{表示氢元素}\\\text{表示一个氢原子}\end{cases}$
说明	(1)由原子构成的某些物质如金属、碳、稀有气体等,它们的元素符号还表示一种单质。 如:Fe $\begin{cases}\text{表示铁元素(宏观意义)}\\\text{表示一个铁原子(微观意义)}\\\text{表示铁这种物质(宏观意义)}\end{cases}$ (2)当元素符号的前面写上数字时,就只表示原子的个数,不再表示元素了,即只有微观意义,没有宏观意义。 如:3H 表示 3 个氢原子;2Fe 表示 2 个铁原子

核心考点 *4*　元素周期表

1.定义

根据元素的原子结构和性质,把现在已知的一百多种元素按原子序数(核电荷数)科学有序地排列起来得到的表。

元素周期表中对金属元素、非金属元素(包括稀有气体元素)用不同的颜色做了区分,并标上了元素的相对原子质量。

2.结构及意义

结构	每一横行表示一个周期,共有 7 个周期;每一纵行表示一个族,共有 16 个族(8、9、10 三个纵行为一族)
同一周期元素原子结构的特点	原子的电子层数相同(等于周期数),最外层电子数依次增多,由 1 逐渐增加至 8(第一周期 1~2);相邻两种元素的原子序数相差 1
同一主族元素原子结构的特点	族序数是 A 的称为主族元素,其元素的原子结构有明显的规律:同一主族元素,原子的最外层电子数相同,化学性质相似。最外层电子数等于族序数

考霸笔记:

现代化学的元素周期表是 1869 年门捷列夫首创,常见的元素周期表为长式元素周期表,在长式元素周期表中,元素是以元素的原子序数排列,原子序数最小的排行最先。表中一横行称为一周期,一纵列称为一个族,最后还有两个系。除长式元素周期表外,常见的还有短式元素周期表、螺旋元素周期表、三角元素周期表等。

续表

考霸笔记：

元素周期律的实质:元素性质随着原子序数递增呈现出周期性变化,是元素的原子核外电子排布周期性变化的必然结果。也就是说,原子结构上的周期性变化必然引起元素性质上的周期性变化,充分体现了结构决定性质的规律。

每个单元格表示的信息	原子序数(核电荷数)——1 H——元素符号 氢——元素名称 相对原子质量——1.008 原子序数=核电荷数=核内质子数=核外电子数
元素周期表的应用	(1)学习和研究化学的重要工具。 (2)为寻找新元素提供了理论依据。 (3)由于元素周期表中位置靠近的元素性质相似,启发人们在元素周期表的一定区域内寻找新物质(如半导体材料、农药、催化剂)

专题十 生命之源——水资源

核心考点 *1* 人类拥有的水资源

1.世界水资源概况

(1)水资源充足。我们居住的地球表面积为 5.1 亿平方千米,陆地仅占 29.2%,而 70.8% 被水覆盖,且以江、河、湖、海及地下水的形式存在。在太空中看地球,是个蓝色的星球,也可称之为蓝的"水球"。

(2)可利用的水资源缺乏。人类所能利用的淡水仅为总储量的 0.7%,主要是河水、淡水湖泊水和浅层地下水。

综上,地球水资源总储量虽多,但是可利用的淡水量极少,这就是"水资源充足但还是缺乏"的原因。

2.我国水资源现状

(1)我国淡水资源总量约为 2.7×10^{12} m^3,居世界第六位。

考霸笔记:

地球——蔚蓝的星球

61

（2）我国人均水量只有 2048 m³，居世界第 88 位，属于缺水国。

（3）许多地区已出现因水资源短缺影响人民生活、制约经济发展的局面。

核心考点 2　爱护水资源

1.水的用途

（1）生命离不开水。如成人每天需要 2.5 千克水，若水分不足，会口渴，严重的缺水会导致皮肤起皱，意识模糊和死亡。水中的生物体，水占体重的比重更大。

生物体的含水量

生物	水母	鱼类	蛙	哺乳动物	藻类	高等植物
含水量（%）	97	70～80	78	65	90	60～90

人体组织、器官的含水量

组织器官	牙齿	骨骼	骨骼肌	心脏	血液	脑
含水量（%）	10	22	76	79	83	84

（2）生产离不开水。如农业：灌溉农田；工业：洗涤、溶解、加热或冷却物质等。

（3）生活离不开水。如洗菜、烹饪、清洁和美化庭园等。

考霸笔记：

南水北调中线干线工程路线图

南水北调——国家为了缓解中国北方水资源严重短缺局面而采取的一项重要措施。

2.节约水资源

(1)工业:用水循环使用。如果全国工业用水平均重复利用率从 20% 提高到 40%,每天可节水 1.39×10^7 吨。

(2)农业:采用喷灌和滴灌两种方式来灌溉农作物。

(3)生活:一水多用(用淘米水浇花、洗衣水拖地或冲马桶等;以淋浴代替盆浴;用桶盛水洗车而不用水管冲洗;及时修理坏的水龙头;使用节水龙头和节水马桶)。

3.水体污染

(1)来源

①工业:生产中的废渣、废水、废气(三废)的任意排放;

②农业:化肥、农药的不合理使用;

③生活:污水的任意排放;

④城镇垃圾的随处堆积;

⑤航运中原油等的泄漏。

(2)危害

①损害人体健康;

②影响生态平衡;

考霸笔记:

国家节水标志

农业上改用喷灌洒水

节约用水 一水多用

考霸笔记:

水华

赤潮

③加剧水资源危机。

(3)水体富营养化

①特征:水中的氮、磷等营养物质含量过高,导致水体中的藻类大量繁殖。

②现象:淡水—"水华";海水—"赤潮"。

(4)防治措施

①工业"三废"——减少污染物的产生,将污染物处理达标后再排放;

②农业农药、化肥——合理使用农药、化肥;

③生活污水——禁止使用含磷洗衣粉,污水集中处理,达标后排放;

④城镇垃圾——严禁向江河湖海排污;

⑤原油泄漏——法律制约,加强水质监测。

专题十一　水的净化

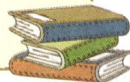

自来水厂水的净化过程

1.纯水和天然水

(1)纯水——无色、无臭、清澈透明的——纯净物。

(2)天然水——自然界中的河水、湖水、井水、海水等,由于含有许多可溶性和不溶性杂质,常呈浑浊——混合物。

2.生活用水的净化过程

(1)生活用水经过自来水厂净化处理。

有时利用明矾溶于水后生成的胶状物对杂质的吸附,使杂质沉降来达到净水的目的。

(2)自来水的生产过程可分为以下几个步骤:

考霸笔记:

明矾溶于水后电离产生 Al^{3+},Al^{3+} 与水电离产生的 OH^- 结合生成氢氧化铝,氢氧化铝胶体粒子带有正电荷,与带负电的泥沙胶粒相遇,彼此电荷被中和。失去了电荷的胶粒,很快就会聚结在一起,粒子越结越大,最终沉入水底。这样,水就变得清澈干净了。

明矾中含有的铝对人体有害。长期饮用明矾净化的水,可能会引起老年痴呆症。

考霸笔记：

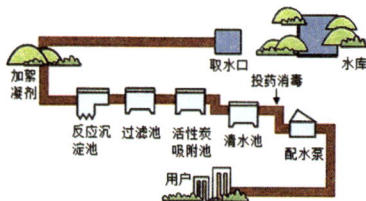

自来水厂的净水过程图

考霸笔记：

静置沉淀

取水→沉淀→过滤→吸附→消毒→配水

①从水库中取水。

②加絮凝剂（化学变化），使悬浮的小颗粒状杂质被吸附凝聚。

③在反应沉淀池中沉降分离，使水澄清。

④将沉淀池中流出的较澄清的水通入过滤池中，进一步除去不溶性杂质。

⑤再将水引入活性炭吸附池中，除去水中的臭味和残留的颗粒较小的不溶性杂质，是物理变化。

⑥细菌消毒（常用通入氯气或二氧化氯的办法）。它是化学变化，因为除去病菌的过程就是把病菌变成其他物质的过程。

⑦杀菌后的水就是洁净、可以饮用的自来水，通过配水泵供给用户，但水中仍然含有可以溶于水的一些杂质，所以还是混合物。

核心考点 2 沉淀

1.静置沉淀

把浑水引入容器中，静置一段时间后，底部有沉淀，上面的水变得相对澄清。

让部分不溶的杂质沉到水底。不能去除悬浮在水中及浮于水面的固体物质。

2.吸附沉淀

向水中加入某些净水剂,如明矾,利用明矾溶于水后生成的胶状物对杂质进行吸附,使杂质沉降出来达到净水的目的。

明矾的作用:吸附悬浮颗粒物并使之沉降。

核心考点 3　过滤

1.作用:除去水中的不溶性固体杂质,不能去除可溶的杂质及微生物。

2.仪器:铁架台、烧杯、漏斗、玻璃棒。

3.过滤器的制作:取一张圆形滤纸,如图所示折好并放入漏斗,使之紧贴漏斗壁,并使滤纸边缘略低于漏斗口,用少量水润湿滤纸并使滤纸与漏斗壁之间不要有气泡。

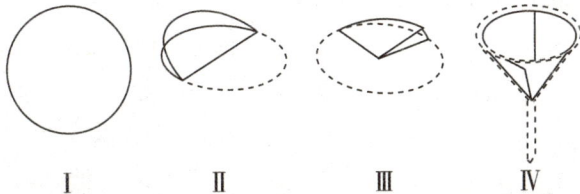

Ⅰ　　　Ⅱ　　　Ⅲ　　　Ⅳ

考霸笔记:

加絮凝剂明矾(或硫酸铝)

吸附悬浮物,浑水变澄清

考霸笔记：

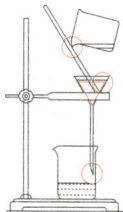

考霸笔记：

自制简易净水器：纱布、小卵石、石英沙和膨松棉的作用是过滤,活性炭的作用是吸附。

4.操作要点:"一贴二低三靠"

(1)一贴:滤纸要紧贴漏斗的内壁。

(2)二低:①滤纸的边缘要低于漏斗的边缘;②漏斗内的液面要低于滤纸的边缘。

(3)三靠:①烧杯口要紧靠玻璃棒;②玻璃棒的下端要靠在三层滤纸的一边;③漏斗的下端管口要紧靠烧杯内壁。(玻璃棒的作用:引流)

(4)过滤后,滤液仍然浑浊的可能原因:①滤纸破损;②液面高于滤纸边缘;③仪器不干净等。此时,浑浊滤液应再过滤一次,直到澄清为止。

核心考点 4 吸附

1.作用:除去可溶性杂质、颜色及异味。

2.常用吸附剂:活性炭、木炭等。活性炭是具有多孔结构的单质炭,具有很强的吸附能力。活性炭不仅可以吸附不溶性杂质和一些可溶性杂质,还可以利用它的强吸附性,吸附异味和色素。

核心考点 5 蒸馏

1.原理:各物质的沸点不同,利用水受热汽化,遇冷液化的状态变化。

2.目的:通过蒸馏,可以把沸点不同的物质从混合物中分离出来,也可以把挥发性液体与溶解在液体中的不挥发性杂质分离开来,达到分离和提纯的目的。

3.装置示意图:

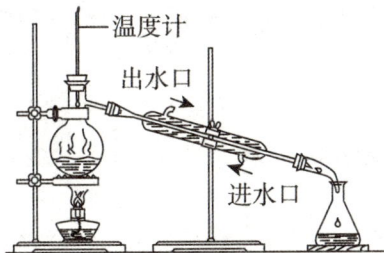

温度计
出水口
进水口

水蒸汽蒸馏装置

4.注意事项:

(1)蒸馏烧瓶下面须垫上石棉网,以防炸裂。

(2)蒸馏烧瓶内应加入几粒沸石(或碎瓷片),使蒸馏平稳进行,以防加热

考霸笔记:

1.常用的净水方法:沉淀、过滤、吸附、蒸馏(都是物理变化)。

2.在净化水的方法中,净化程度由低到高的顺序依次为:静置沉淀、过滤、吸附、蒸馏。

3.通过蒸馏方法得到的水为纯净物;通过其他三种方法得到的水为混合物。

4.一般净水过程中,通常是几种净水方法的综合运用。

考霸笔记:

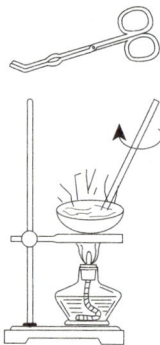

考霸笔记:

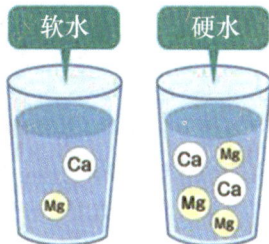

时暴沸。

(3)温度计的水银球应对着蒸馏烧瓶的支管口,因为蒸馏时需控制的温度是出口蒸气温度。

(4)为了达到冷凝效果,要使冷凝管全部充满水,且保证水"下进上出"。

5.检验

蒸发:用蒸发皿加热蒸干,看是否有残余物。有残余物则是自来水,没有残余物为蒸馏水。

加热蒸干过程中,要用玻璃棒不断搅拌,目的是使液体均匀受热,防止液体局部过热而飞溅。

核心考点 6 硬水和软水

1.定义

(1)硬水:含有较多可溶性钙、镁化合物的水。

(2)软水:不含或含有较少可溶性钙、镁化合物的水。

2.区分方法

(1)加热或长久放置后有水垢产生的水是硬水。

(2)肥皂区分法:分别向盛有软水和硬水的烧杯中滴入肥皂水,经搅拌

(或振荡),产生泡沫多、没有沉淀析出的是软水;产生泡沫少、有沉淀析出的是硬水。

3.硬水的危害

(1)饮用硬水会影响健康,易患肾结石等。

(2)锅炉用硬水产生水垢,会引起爆炸。

(3)用硬水洗衣服,不但浪费肥皂,而且洗不干净。

4.硬水的软化

(1)生活:煮沸,可除去部分可溶性钙、镁化合物。

(2)实验室:蒸馏,除去所有钙、镁化合物。

专题十二 水的组成

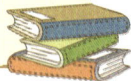

考霸笔记：

氢气燃烧

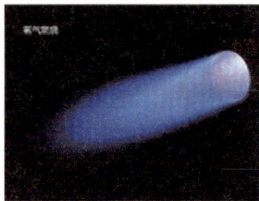

氢气在氧气中燃烧的过程中有大量热放出，火焰呈淡蓝色（实验室里用玻璃管看不出蓝色，看到的黄色是由于玻璃中存在 Na^+ 的结果）。燃烧时放出热量约是同质量汽油的三倍。因此可用作高能燃料，在火箭上使用。中国长征 3 号火箭就用液氢燃料。

核心考点 1 氢气的性质和用途

1.物理性质

无色、无臭、难溶于水的气体，密度大约是空气的四分之一，可作为填充气体使用。

2.化学性质

具有可燃性，是最理想的燃料；具有还原性，工业上用来冶炼金属。

3.验纯方法

验纯方法	纯净的氢气能安静地燃烧,若氢气中混有氧气,点燃时可能发生爆炸,因而点燃氢气前一定要检验氢气的纯度。检验方法:用排水法收集一试管氢气,用拇指堵住,移近火焰,听到尖锐爆鸣声,说明氢气不纯,需要再收集,再检验;若听到很小的"噗"的一声,表明氢气已纯	(1)用拇指堵住集满氢气的试管口　(2)靠近火焰,移开拇指

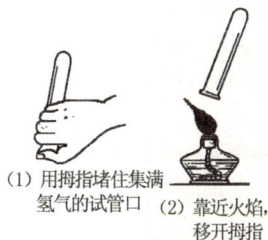

4.氢气做燃料的优点

氢气做燃料的优点	(1)燃烧时放热多(约为同质量汽油的三倍); (2)燃烧产物是水,无污染; (3)以水为原料制取,来源广泛

核心考点 2　水的组成

实验步骤	(1)在电解器的玻璃管内注满水,接通直流电,观察现象;(2)一段时间后,将带火星的木条放在与电源正极相连的玻璃管的尖嘴处,打开活塞,观察现象;(3)打开与电源负极相连的玻璃管的活塞,在玻璃管的尖嘴处点燃,观察现象

考霸笔记:

水的组成:正氧负氢,氢二氧一

实验装置	
实验现象	(1)通电后,两个电极上均有气泡产生,且负极产生气泡的速率快。 (2)一段时间后,正、负两极产生气体的体积比约为1∶2。 (3)正极产生的气体能使带火星的木条复燃,负极产生的气体能燃烧,产生淡蓝色火焰
结论	水 $\xrightarrow{\text{通电}}$ 氢气＋氧气 氢气由氢元素组成,氧气由氧元素组成,由于化学反应前后元素的种类不变,说明水是由氢、氧两种元素组成的
微观解释	在直流电的作用下,水分子分解为氢原子和氧原子,每两个氢原子结合为一个氢分子,每两个氧原子结合为一个氧分子;很多氢分子构成氢气,很多氧分子构成氧气

核心考点 3　单质和化合物

	单质	化合物
联系	都是纯净物	
区别	只含有一种元素	含有两种或两种以上的元素
举例	氧气（O_2）、氢气（H_2）、铁（Fe）、硫（S）	水（H_2O）、二氧化碳（CO_2）、氯化钠（NaCl）、高锰酸钾（$KMnO_4$），其中水（H_2O）、二氧化碳（CO_2）属于氧化物

核心考点 4　氧化物与含氧化合物

	氧化物	含氧化合物
概念	由两种元素组成,其中一种是氧元素的化合物	含有氧元素的化合物
区别	必须由两种元素组成,且其中一种是氧元素,如 H_2O、CO_2、P_2O_5 等	只要含有氧元素,可以由两种或两种以上的元素组成,如 $KMnO_4$、Na_2CO_3、$Ca(OH)_2$ 等

 考霸笔记:

单质

单质

化合物

混合物

续表

	氧化物	含氧化合物
联系	都是化合物;都含氧元素;氧化物是含氧化合物的一类。 化合物、含氧化合物、氧化物之间的关系为:	

专题十三　化学式与化合价

核心考点 *1*　化学式

1.定义

用元素符号和数字的组合表示物质组成的式子。

注意:(1)只有纯净物才能用化学式表示其组成;(2)一种物质只能用一个化学式来表示;(3)一个化学式不一定只表示一种物质,如红磷的化学式是P,白磷的化学式也是 P;(4)化学式的书写必须依据实验的结果。

2.意义

(1)宏观意义——表示一种物质;表示一种物质的元素组成。

(2)微观意义——表示物质的一个分子;表示物质一个分子的构成情况。

考霸笔记:

3.书写方法

(1)单质化学式的书写

①由原子构成的单质。直接用元素符号表示,如金属单质:Fe、Al,某些固态非金属:P、C,稀有气体单质:He、Ne、Ar。

②由分子构成的单质,如气态或液态非金属单质。用元素符号及其右下角的数字表示,如 O_2、N_2、H_2、Br_2。

(2)化合物化学式书写

①氧化物。一般氧元素写在右边,另一元素写在左边,"氧右,非氧左",如 H_2O、CO_2、HgO。

②金属和非金属组成的化合物。一般金属元素排在左边,非金属元素排在右边,"金左,非金右",如 $NaCl$、KCl、ZnS。

③氢元素与某种元素组成的化合物。一般把氢元素符号写在左边,"氢左,非氢右",如 HCl、HS。

4.读法

(1)单质。读元素的名称,如 Fe-铁、Al-铝;若是气体再在元素名称后加"气",如 O_2-氧气、N_2-氮气。

(2)化合物。一般从右往左读作"某化某",如 $NaCl$-氯化钠;有时还要读出各种元素原子的个数,如 CO-一氧化碳、SO_2-二氧化硫、Fe_3O_4-四氧化三铁。

考霸笔记:

化学式书写原则:①以客观事实为基础,不可臆造;②遵守化合价规则和化合物中正负化合价代数和为零的原则。

核心考点 **2** 化合价

1.定义

表示原子之间相互化合的数目,是元素的原子在形成化合物时表现出来的一种化学性质。

2.规律

(1)化合价有正价和负价。氧元素通常显－2价,氢元素通常显＋1价;金属元素显正价,非金属元素显负价;一些元素在不同的物质里有不同化合价,可变价。

(2)在化合物里正负化合价的代数和为0。

(3)在单质里,元素的化合价为0。

3.表示方法

化合价标在元素符号的正上方(符号在前,数字在后),且数值为1时一定不能省略。

$$\overset{+n}{R} \qquad \overset{-n}{R}$$

如,$\overset{-2}{O}$表示－2价的氧元素。

考霸笔记:

1.化合价口诀

钾钠银氢正一价;氟氯溴碘负一价;

钙镁钡锌正二价;通常氧是负二价;

二三铁,二四碳;三铝四硅五价磷;

一三五七正价氯;二四六硫锰四七;

铜汞二价最常见;单质化合价为零。

2.一些常见原子团的化合价

负一硝酸氢氧根;负二硫酸碳酸根;

负三记住磷酸根;正一价的是铵根。

4.原子团

作为一个整体参加反应的原子集团(就好像一个原子一样),也叫作根。

注意:(1)原子团不能单独存在,反应中不能随意拆分;(2)带电荷的原子团也是离子;(3)如果化合物中某个原子团数目大于1,要用括号括起来,再在括号的右下角标上原子团数目。如 $Ca(OH)_2$。

5.化合价与离子符号的区别与联系

考霸笔记:

化学符号中的数字解读

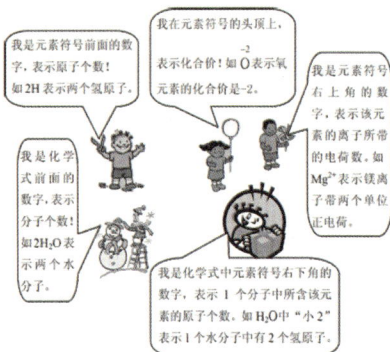

我是元素符号前面的数字,表示原子个数!如2H表示两个氢原子。

我在元素符号的头顶上,表示化合价!如$\overset{-2}{O}$表示氧元素的化合价是-2。

我是元素符号右上角的数字,表示该元素的离子所带的电荷数。如Mg^{2+}表示镁离子带两个单位正电荷。

我是化学式前面的数字,表示分子个数!如2H_2O表示两个水分子。

我是化学式中元素符号右下角的数字,表示1个分子中所含该元素的原子个数。如H_2O中"小2"表示1个水分子中有2个氢原子。

	化合价	离子电荷
表示方法	用+n 或-n 来表示,标在元素符号的正上方	用$n+$或$n-$来表示,标在元素符号右上方
实例	$\overset{+1}{Na}$、$\overset{+2}{Mg}$、$\overset{-2}{O}$、$\overset{-2}{SO_4}$	Na^+、Mg^{2+}、O^{2-}、SO_4^{2-}
相同点(两同)	(1)数值相同。离子所带电荷与该离子在化合物中的化合价的数值相同。如 $MgCl_2$ 中镁元素的化合价为+2 价,镁离子带两个单位正电荷。 (2)正负一致。显负价的元素其离子带负电荷,同样,显正价的元素其离子带正电荷。如金属离子都显正价,其离子都带正电荷。 因此,根据元素的化合价可以判断其离子所带的电荷	

续表

	化合价	离子电荷
不同点（三异）	（1）标注位置不同。化合价标在元素符号的正上方,离子电荷标在元素符号的右上方。 （2）数号位置不同。化合价是正负号在前,数字在后,即 $+n$ 或 $-n$;而离子所带电荷是数字在前,正负号在后,即 $n-$ 或 $n+$。 （3）化合价为 1 时,不能省略,如 $\overset{+1}{Na}$;而离子电荷为 1 时,必须省略,如 Na^+	

核心考点 3　化合价的应用

应用	原则	举例
根据化合价写化学式	化合物中,正负化合价的代数和为零	常用的方法是最小公倍数法。如,写氧化铝的化学式: （1）按"正价左,负价右"的原则,先写出组成化合物元素的元素符号:Al O ; （2）标出每种元素的化合价:$\overset{+3}{Al}\overset{-2}{O}$; （3）求出两种元素化合价绝对值的最小公倍数:6 ; （4）用最小公倍数除以每种元素化合价的绝对值,即得该元素的原子个数:$6\div3=2,6\div2=3$; （5）将所得原子个数写在相应元素符号的右下角,即得该化合物的化学式:Al_2O_3

考霸笔记:

一排顺序二标价;价数交叉写右下。

约简价数作角码;总价为零去检查。

应用	原则	举例
根据化学式求元素的化合价	化合物中,正负化合价的代数和为零	如求 $KMnO_4$ 中 Mn 的化合价,可以根据 K 和 O 的化合价来求。 已知:K 是 $+1$ 价,O 是 -2 价。 设 Mn 的化合价为 x,根据正负化合价的代数和为零的原则,则有: $+1+x+(-2)\times4=0$ 解得,$x=+7$。 即在 $KMnO_4$ 中 Mn 的化合价为 $+7$ 价
说明	(1)含有原子团的化合物,把原子团当作一个整体,应用最小公倍数法。如写碳酸钠的化学式时,根据 Na 是 $+1$ 价,CO_3^{2-} 是 -2 价,故为 Na_2CO_3。 (2)求原子团中某元素的化合价时,组成原子团的所有元素的化合价的代数和不为零,如 SO_4^{2-} 中,S 为 $+6$ 价,O 为 -2 价,故代数和为 -2	

核心考点 4　相对分子质量

1.概念:化学式中各原子的相对原子质量的总和。

注意:(1)是化学式中各原子的相对原子质量的总和;(2)是分子的相对质量;(3)单位也是"1"。

2.有关相对分子质量的计算：

	计算方法	举例
(1)计算相对分子质量	相对分子质量等于构成分子的各原子的相对原子质量的总和	H_2O 的相对分子质量 $=1\times2+16=18$
(2)求组成化合物的各元素的质量比	化合物中各元素的质量比等于各元素的相对原子质量总和之比	CO_2 中 C、O 元素的质量比 $=12:(16\times2)=3:8$
(3)求组成化合物的元素的质量分数	元素的质量分数 $=\dfrac{\text{该元素的相对原子质量}\times\text{原子个数}}{\text{相对分子质量}}\times100\%$	水中氧元素的质量分数为 $\dfrac{16}{18}\times100\%=88.9\%$
说明	(1)化合物中元素的质量比与元素的质量分数的关系是:元素的质量比是组成化合物的"部分与部分"相比,而元素的质量分数是"部分与整体"相比,其中某元素的相对质量是部分,化合物的相对分子质量是整体。 (2)求元素质量分数的公式的变换 元素的原子个数 $=\dfrac{\text{相对分子质量}\times\text{元素的质量分数}}{\text{该元素的相对原子质量}}$ 相对分子质量 $=\dfrac{\text{该元素的相对原子质量}\times\text{该元素的原子个数}}{\text{元素的质量分数}}$	

考霸笔记：

1.相对分子质量＝(相对原子质量×原子个数)之和

2.元素质量比＝(相对原子质量×原子个数)之比

3.某元素的质量分数＝ $\dfrac{\text{该元素原子的相对原子质量×个数}}{\text{化合物的相对分子质量}}\times100\%$

4.某元素的质量＝化合物的质量×某元素的质量分数

5.化合物的质量＝某元素的质量÷某元素的质量分数

专题十四　化学方程式

考霸笔记：

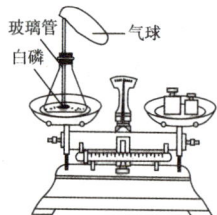

白磷燃烧反应前后质量的测定

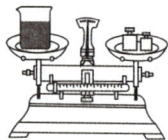

铁钉与硫酸铜溶液反应前后质量的测定

核心考点 **1**　质量守恒定律

1.探究质量守恒定律实验(一)

实验方案	实验一:白磷燃烧	实验二:铁钉与硫酸铜溶液反应
实验步骤	在密闭的锥形瓶内预先铺一层细沙,放入一粒火柴头大小的白磷,称量装置的总质量为m_1;用加热玻璃棒的方法把白磷引燃,迅速用橡皮塞将锥形瓶塞紧,待白磷燃烧结束,锥形瓶完全冷却之后,重新放到托盘天平上称量质量为m_2	先称量无锈铁钉和盛硫酸铜溶液的烧杯,总质量为m_1,再将铁钉放入盛硫酸铜溶液的烧杯中,待反应一段时间溶液颜色改变后,称量总质量为m_2

续表

实验现象	白磷燃烧产生大量白烟;天平平衡	铁钉表面有红色物质生成,同时烧杯中蓝色的硫酸铜溶液变成浅绿色;天平平衡
反应前后的质量关系	$m_1=m_2$	$m_1=m_2$
分析与结论	磷+氧气$\xrightarrow{点燃}$五氧化二磷 P　O$_2$　　P$_2$O$_5$ 参加反应的磷和氧气的质量与生成的五氧化二磷的质量相等	铁+硫酸铜$\longrightarrow$铜+硫酸亚铁 Fe　CuSO$_4$　Cu　FeSO$_4$ 参加反应的铁和硫酸铜与生成的铜和硫酸亚铁的质量相等

2.探究质量守恒定律实验(二)

实验方案	实验一:碳酸钠与盐酸反应	实验二:镁条燃烧
实验步骤	将盛盐酸的小试管与碳酸钠放于小烧杯中称量,反应前的质量为m_1,再将盐酸与碳酸钠混合,反应后再称量小试管、烧杯及杯内物质的总质量为m_2	将用砂纸打磨干净后的镁条放于石棉网上称量质量为m_1,燃烧之后称量石棉网及石棉网上的白色粉末的质量为m_2

续表

考霸笔记：

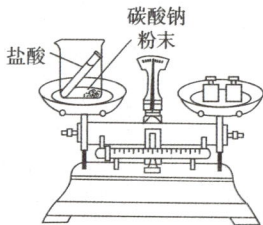

碳酸钠与盐酸反应前后质量的测定

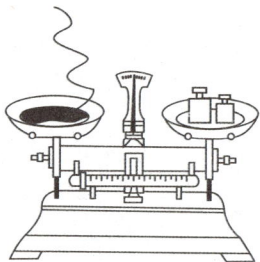

镁条燃烧反应前后质量的测定

实验方案	实验一:碳酸钠与盐酸反应	实验二:镁条燃烧
实验现象	烧杯中有大量的气体生成	镁条燃烧发出耀眼的白光,同时产生大量的白烟,石棉网上有白色固体生成
反应前后质量关系	$m_1 > m_2$	$m_1 > m_2$
反应原理	碳酸钠＋ 盐酸→氯化钠＋ Na_2CO_3　　HCl　　　$NaCl$ 二氧化碳＋水 　CO_2　　H_2O	镁＋氧气 $\xrightarrow{\text{点燃}}$ 氧化镁 Mg　　O_2　　　　MgO
原因分析	反应后有气体生成,没有称量气体的质量,故质量不守恒	反应物氧气和反应后的白烟没有被称量,故质量不守恒
结论	研究质量守恒定律时,有气体参加或有气体(或白烟)生成的实验一定要在密闭容器中进行	

3.质量守恒定律

(1)内容:参加化学反应的各物质的质量总和等于反应后生成的各物质的质量总和。

(2)**原因**:化学反应的过程就是反应物的原子重新组合成生成物的过程,这个过程有六个不变:

$$
微观
\begin{cases}
原子的种类不变 \\
原子的数目不变 \\
原子的质量不变
\end{cases}
\qquad
宏观
\begin{cases}
元素的种类不变 \\
元素的质量不变 \\
物质的总质量不变
\end{cases}
$$

(3)**说明**:①质量守恒定律描述的对象是化学变化,物理变化不用质量守恒定律去解释。

②质量守恒定律强调的是"质量守恒",并不包括其他方面(如体积)的守恒。

③这里"参加化学反应的"不是各物质质量的简单相加,是指真正参与了反应的那一部分质量,反应物中剩余部分不应计算在内。

④质量总和:很多化学反应有气体或沉淀生成,因此生成的各物质质量,包括固、液、气三种状态的物质。讨论质量守恒定律时,各物质状态均要一并讨论。

⑤化学反应前后,原子的种类和数量都不变,而分子的种类一定改变,数量可能改变,也可能不变。

(4)**应用**:解释一些实验事实;推测一些物质的组成或化学式;进行有关计算。

考霸笔记:

打假"点石成金"

石头主要由钙元素、碳元素、氧元素组成,黄金是由金元素组成的,根据化学反应中,元素的种类不变可知,石头无法变成黄金。

(5)反应中的"变"和"不变"：

六个"不变"	微观：原子的种类、数量、质量不变；
	宏观：元素的种类、质量不变，物质的总质量不变
两个一定"变"	宏观：物质的种类一定变；
	微观：分子的种类一定变
两个可能"变"	分子的数目可能改变，原子团可能改变

核心考点 2　化学方程式

1.定义

用化学式来表示化学反应的式子。

2.意义

(1)宏观意义：表示反应物、生成物和反应条件

(2)微观意义：表示参加反应的各物质间的粒子数量关系，即粒子个数比——化学式前面的化学计量数之比。

(3)质量意义：表示各物质之间的质量关系，即各物质之间的质量比——等于相对分子质量与化学计量数乘积之比。

(4)示例：

$$4P+5O_2 \xrightarrow{\text{点燃}} 2P_2O_5$$
$$4\times31 \quad 5\times32 \quad 2\times142$$

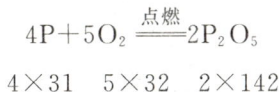

①宏观意义:表示磷和氧气参加反应,反应在点燃条件下进行,生成五氧化二磷。

②微观意义:表示反应物中磷原子、氧分子和生成物中五氧化二磷分子的个数比为 4∶5∶2。

③质量意义:表示每 124 份质量的磷与 160 份质量的氧气反应,生成 284 份质量的五氧化二磷。质量比为 31∶40∶71。

3.读法(仍以上式为例)

(1)宏观读法:磷和氧气在点燃条件下反应生成五氧化二磷。

(2)微观读法:每 4 个磷原子和 5 个氧分子在点燃条件下反应生成 2 个五氧化二磷分子。

(3)质量读法:每 124 份质量的磷和 160 份质量的氧气在点燃条件下反应生成 284 份质量的五氧化二磷。

4.书写

(1)书写原则

①必须以客观事实为依据,不能凭空臆造事实上不存在的物质和化学反应。

考霸笔记:

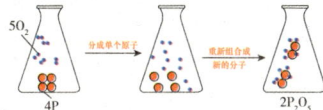

书写化学方程式的常见错误:

1.写错物质的化学式;

2.臆造生成物或事实上不存在的化学反应;

3.写错或漏写反应条件;

4.化学方程式没有配平;

5.漏标多标"↑""↓"符号等。

②遵守质量守恒定律,等号两边各原子的种类、数目必须相等。

(2)书写步骤

①写出反应物、生成物的化学式;

②配平(体现质量守恒定律);

③注明反应条件及生成物状态(反应条件——点燃、加热"△"、高温、通电、催化剂;生成物状态——气体↑或沉淀↓);

注:a."△"的使用

(a)"△"是表示加热的符号,它所表示的温度一般泛指用酒精灯加热的温度。

(b)如果一个反应在酒精灯加热的条件下能发生,书写化学方程式时就用"△",如:

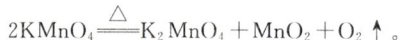

$$2KMnO_4 \xrightarrow{\triangle} K_2MnO_4 + MnO_2 + O_2\uparrow。$$

(c)如果一个反应需要的温度高于用酒精灯加热的温度,一般用"高温"表示,如:

$$CaCO_3 \xrightarrow{高温} CaO + CO_2\uparrow。$$

b."↑"的使用

(a)"↑"表示生成物是气态,只能出现在等号的右边。

(b)当反应物为固体、液体,且生成的气体能从反应体系中逸出,气体化学式后应该加"↑"。如 $Fe + 2HCl == FeCl_2 + H_2\uparrow$。

(c)当反应物是溶液时,生成的气体易溶于水而不能从反应体系中逸出,则不用"↑",如:$H_2SO_4 + BaCl_2 == BaSO_4\downarrow + 2HCl$。

(d)只有生成物在该反应的温度下为气态时,才能使用"↑"。

(e)若反应物中有气态物质,则生成的气体不用标"↑"。如:$C + O_2 \xrightarrow{点燃} CO_2$。

考霸笔记:

口诀——"一式二配三注四等"

左边反应物,右边生成物;

写完化学式,系数要配平;

生成气体、沉淀,箭头来表明;

中间连等号,条件应注明。

c.“↓”使用

(a)“↓”表示难溶性固体生成物，只能出现在等号的右边。

(b)当反应在溶液中进行，有沉淀生成时，用“↓”，如：$AgNO_3 + HCl = AgCl\downarrow + HNO_3$。

(c)当反应不在溶液中进行，尽管生成物有不溶性固体，也不用标“↓”，如：$2Cu + O_2 \xrightarrow{\triangle} 2CuO$。

(d)反应在溶液中进行，若反应物中有难溶性物质，生成物中的难溶性物质后面也不用标“↓”。如：$Fe + CuSO_4 = FeSO_4 + Cu$。

d.长等号代替短线。

(3)配平方法

①最小公倍数法

找出在反应式两边各出现一次，并且两边原子个数相差较多或最小公倍数较大的元素作为配平的突破口；求出最小公倍数；推出各化学式前面的化学计量数。

②设“1”法

首先找出最复杂的化学式，将其化学计量数定为1，然后根据这个化学式中的各元素守恒，进一步确定其他化学式前的化学计量数（可用分数表示），最后化简。

考霸笔记：

在化学反应中,反应物与生成物之间质量比是成正比例关系。因此,利用正比例关系就可以根据化学方程式进行简单计算。

核心考点 3　利用化学方程式的计算

计算依据	根据质量守恒定律。化学反应中各物质的质量成比例
计算步骤	(1)设未知数——未知数不带单位,反应物一般"设参加反应的×××的质量为 x";生成物一般"设生成×××的质量为 x(或 y 等)"。 (2)写出解题的依据——化学方程式,并配平,标明条件。 (3)标出相关物质的相对质量和已知量、未知量。 (4)列比例式,求解。 (5)写出答案。 (6)回顾检查。 可以归结为:"设、写、标、列、解、检"
举例	计算 18 kg 水分解生成氢气的质量是多少? **解析**:本题的已知量是反应物水的质量,待求量是生成物氢气的质量,解题的依据是水通电分解的化学方程式。 解:设生成氢气的质量为 x。 $$2H_2O \xrightarrow{\text{通电}} 2H_2\uparrow + O_2\uparrow$$ $2\times18 \qquad 2\times2$ 18 kg $\qquad x$ $36:4=18\ kg:x$ $x=2\ kg$ 答:18 kg 水分解生成氢气的质量是 2 kg

专题十五　碳和碳的氧化物(1)
——金刚石、石墨和 C_{60}

核心考点 1　**碳的单质**

1.存在形式：碳的单质有金刚石、石墨和 C_{60} 等，由于他们的原子排列方式不同，导致它们在物理性质上存在很大差异。

2.常见的碳单质：

(1)金刚石、石墨、C_{60}

项目	金刚石	石墨	C_{60}
结构模型			

考霸笔记：

钻石——金刚石

铅笔芯——石墨

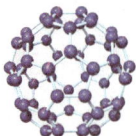

超导体——C_{60}

续表

项目	金刚石	石墨	C_{60}
色态	无色透明、正八面体形状的固体，加工琢磨后有夺目光泽	深灰色不透明的细鳞片状固体，有金属光泽	分子形状似足球
硬度	天然存在的最硬物质	最软的矿物之一，在纸上划过可留痕迹	质脆
熔点	很高	高	较低
导电性	几乎不导电	导电	几乎不导电
导热性	良好	良好	良好
用途	钻探机钻头、刻刀、装饰品	润滑剂、铅笔芯、电极	超导体、催化、材料、医学及生物等领域

（2）木炭、活性炭、焦炭、炭黑的用途

木炭	结构疏松多孔，具有吸附能力，利用这种性质可以吸附气体和溶液中的色素，可用来作冰箱的除味剂
活性炭	吸附能力比木炭更强，可用在防毒面具中吸附毒气，也可用于生活用水的净化，制糖工业用活性炭来脱色以制得白糖
焦炭	用于冶金工业，作还原剂。炼铁时焦炭作燃料
炭黑	用于制造油墨、油漆、鞋油、橡胶工业的填充剂等。汽车轮胎或球鞋的鞋底就是添加了炭黑的橡胶，其耐磨性大大增加

核心考点 **2**　**碳单质的化学性质及用途**

化学性质	发生的反应	用途
稳定性(常温)		用墨书写或绘制的字画能够保存很多年而不变色;填写档案或其他重要资料或签名时要用碳素笔;用石墨砌耐酸塔等
可燃性	$C + O_2 \xrightarrow{\text{点燃}} CO_2$(氧气充足时) $2C + O_2 \xrightarrow{\text{点燃}} 2CO$(氧气不充足时)	作燃料
还原性	$C + 2CuO \xrightarrow{\text{高温}} 2Cu + CO_2\uparrow$ $3C + 2Fe_2O_3 \xrightarrow{\text{点燃}} 4Fe + 3CO_2\uparrow$	冶炼金属
说明	(1)不同的碳单质由于碳原子的排列方式不同,物理性质差别很大,但化学性质相似。 (2)氧化剂与还原剂的判断 失去氧，被还原，发生还原反应 $C + 2CuO \xrightarrow{\text{高温}} 2Cu + CO_2\uparrow$ 还原剂　　氧化剂 得到氧，被氧化，发生氧化反应	

考霸笔记:

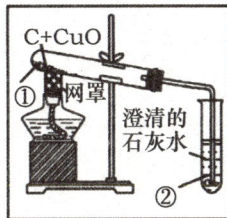

现象:试管①中,黑色粉末中有红色固体生成

试管②中,澄清的石灰水变浑浊

化学方程式:

试管 ① 中:$C + 2CuO \xrightarrow{\text{高温}} CO_2\uparrow + 2Cu$;

试管 ② 中:$CO_2 + Ca(OH)_2 == CaCO_3\downarrow + H_2O$

核心考点 3 氧化与还原

考霸笔记：

　　氧化剂,具有氧化性,失去氧的反应为还原反应;还原剂,具有还原性,得到氧的反应为氧化反应。

	氧化	还原
反应	氧化反应——物质得到氧的反应	还原反应——含氧化合物里的氧被夺去的反应
性质	氧化性——在反应中,供给氧的性质	还原性——在反应中,夺取氧的性质
药剂	氧化剂——在反应中,提供氧的物质	还原剂——在反应中,得到氧的物质

专题十六　碳和碳的氧化物(2)——制取二氧化碳

核心考点 1　二氧化碳性质探究

实验操作	倾倒二氧化碳	向盛满二氧化碳的塑料瓶中倒水
装置图		
实验现象	蜡烛由低到高依次熄灭	塑料瓶瘪了

续表

实验操作	倾倒二氧化碳	向盛满二氧化碳的塑料瓶中倒水
分析	由于二氧化碳不支持燃烧,故接触二氧化碳的蜡烛会熄灭;低的蜡烛先熄灭,说明二氧化碳的密度比空气大,先沉到烧杯的底部	瓶子瘪了,说明瓶内压强减小了,证明部分二氧化碳溶解到水里去了
结论	二氧化碳不燃烧,不支持燃烧,密度比空气大。利用二氧化碳的这些性质灭火	二氧化碳能溶于水。利用二氧化碳的这一性质制作饮料

考霸笔记:

　　二氧化碳不支持燃烧,可用于制作灭火器。

　　二氧化碳溶于水,可用于制作碳酸饮料。

核心考点 2　制取气体的一般思路和收集方法

1.反应原理的选择

(1)反应物应廉价易得;

(2)反应条件容易达到,反应速率便于控制;

(3)便于收集,且收集的气体纯度尽可能高;

(4)装置要简便、易操作;

(5)注意环保,尽量不使用或产生有毒物质,避免污染环境、伤害身体。

2.气体发生装置

$$气体发生装置 \begin{cases} 反应物的状态 \begin{cases} 固体与固体 \\ 固体与液体 \\ 液体与液体 \end{cases} \\ \\ 反应条件 \begin{cases} 是否加热 \\ 是否加催化剂 \end{cases} \end{cases}$$

3.气体收集装置

$$气体收\atop集装置 \begin{cases} 排水法 \quad (不易溶于水,不与水发生反应) \\ \\ 排空气法 \begin{cases} 密度比空气大——向上排空气法 \\ 密度比空气小——向下排空气法 \end{cases} {不与空气中 \atop 气体反应} \end{cases}$$

4.二氧化碳和氧气的制取实验及相关性质比较

	反应物的状态	反应条件	密度	溶解性	能否与水反应
二氧化碳	固体和液体	常温	比空气大	能溶于水	能
氧气	过氧化氢制氧气:固体和液体	催化剂		不易溶于水	不能
	用高锰酸钾或氯酸钾制氧气:固体	加热			

考霸笔记:

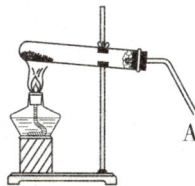

A.固固加热型　　B.固液不加热型

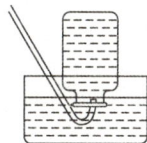

C.排水法

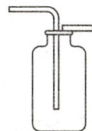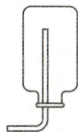

D.向上排空气法　　E.向下排空气法

续表

	反应物的状态	反应条件	密度	溶解性	能否与水反应
说明	(1)选择气体的发生装置时主要考虑反应物的状态和反应条件;选择收集装置时,主要考虑所制取的气体的性质。 (2)常见的典型发生装置 A 装置适合"固体加热型",如高锰酸钾制氧气或氯酸钾和二氧化锰制氧气;B、C、D 装置适合"固液不加热型",如过氧化氢制氧气或实验室制取二氧化碳。其中,C 装置可以控制反应的速率,D 装置可以控制反应开始和停止				

考霸笔记:

1.氧气不易溶于水,因此可用排水法收集氧气。

2.二氧化碳溶于水,因此可用排空气法收集,且由于二氧化碳的密度比空气大,因此可用向上排空气法收集二氧化碳。

核心考点 3 二氧化碳的实验室制法

药品	大理石或石灰石与稀盐酸
反应原理	$CaCO_3 + 2HCl = CaCl_2 + H_2O + CO_2\uparrow$

续表

药品	大理石或石灰石与稀盐酸
装置	
操作步骤	(1)组装仪器;(2)检查装置的气密性;(3)将大理石或石灰石放入反应容器内;(4)加入稀盐酸;(5)用向上排空气集气法收集气体;(6)验满;(7)收集满后盖上玻璃片,把集气瓶正放在桌面上
收集方法	向上排空气法(因为二氧化碳密度比空气大,且能溶于水)
检验方法	将气体通入澄清石灰水中,石灰水变浑浊
说明	关于实验室制取二氧化碳时药品的选择: (1)不可用硫酸代替稀盐酸。因为刚开始时,硫酸与石灰石反应生成的硫酸钙微溶于水,它覆盖在石灰石表面,阻碍了石灰石与硫酸进一步接触,使反应难以继续。 (2)不可用浓盐酸。浓盐酸有很强的挥发性,极易挥发出氯化氢气体,导致所收集的二氧化碳不纯。 (3)不可用碳酸钙粉末和碳酸钠。因为它们与盐酸反应速率太快,不便于收集

考霸笔记:

"死狗洞"之谜

在意大利的那不勒斯附近,有个世界闻名的"杀狗洞",任何一只健壮的狗走进去,过不多久,就会倒毙在洞中,而人走进去却无恙,这是为什么呢?

有一天,一个科学家解开了这个谜团。原来这个洞是生长了许多钟乳石和石笋的石灰岩溶洞,石灰岩的主要成分是碳酸钙,它在地下深处受热分解放出二氧化碳气体。二氧化碳比空气重,积聚在地面附近半米左右的气层,狗会完全淹没其中,窒息而死,而人站在洞中,气层只没过膝盖,不会窒息而死。

专题十七 碳和碳的氧化物(3) ——二氧化碳和一氧化碳

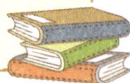

核心考点 1 二氧化碳

1.二氧化碳的性质与用途

考霸笔记：

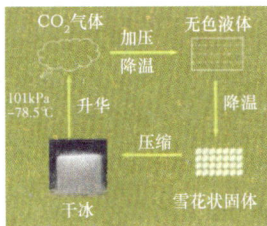

干冰的形成！

性质	用途
不燃烧、不支持燃烧，密度比空气大	灭火
干冰升华吸热	制冷剂、人工降雨、舞台云雾、灭火
溶于水并与水反应生成碳酸 $CO_2 + H_2O \rightleftharpoons H_2CO_3$	制造碳酸饮料
与石灰水反应 $Ca(OH)_2 + CO_2 == CaCO_3\downarrow + H_2O$	检验二氧化碳；用熟石灰砌砖、抹墙日久变得很坚硬
光合作用的原料	气态肥料
与其他物质反应	化工原料

2.二氧化碳与水的反应

实验操作	喷稀醋酸	喷水	直接放入二氧化碳中	喷水后放入二氧化碳中,之后取出小花,再烘干
实验现象	纸花变红	纸花不变色	纸花不变色	纸花变红;烘干后又变为紫色
分析	稀醋酸中含有的醋酸能使纸花中的石蕊变红	水不能使石蕊变红	干燥的二氧化碳不能使石蕊变红	二氧化碳和水反应生成了一种酸——碳酸,碳酸能使紫色石蕊变红。变红的纸花烘烤后又变为紫色,说明碳酸不稳定,受热易分解
结论	(1)二氧化碳和水反应生成碳酸:$CO_2 + H_2O == H_2CO_3$ (2)碳酸不稳定,易分解:$H_2CO_3 \xrightarrow{\triangle} H_2O + CO_2\uparrow$				

考霸笔记:

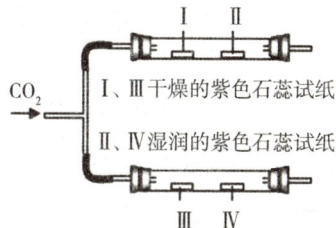

I、III 干燥的紫色石蕊试纸
II、IV 湿润的紫色石蕊试纸

　　二氧化碳密度大于空气,且能与水反应生成碳酸,酸能使紫色石蕊变红,二氧化碳本身不能使紫色石蕊变红,所以,只有IV试纸变红。

3.二氧化碳对生活与环境的影响

自然界中二氧化碳的产生	(1)动植物呼吸;(2)工厂废气;(3)含碳燃料燃烧;(4)微生物分解	
自然界中二氧化碳的消耗	植物的光合作用	
二氧化碳对生活的影响	由于二氧化碳不能供给呼吸,当空气中二氧化碳超过正常含量时,会对人体健康产生影响,当空气中二氧化碳的含量达到1%时,会使人气闷、心悸、头昏;达到4%—5%,会使人气喘、眩晕;达到10%时,使人神志不清甚至死亡。因此,在人群密集的地方要经常通风换气	
二氧化碳对环境的影响——温室效应	产生原因	(1)含碳燃料大量燃烧,排放到空气中的CO_2增加; (2)森林、植被被破坏,使二氧化碳的消耗减少
	危害	两极的冰川融化,使海平面升高,淹没部分沿海城市;土地沙漠化、农业减产
	防治措施	(1)减少化石燃料的燃烧,开发利用清洁能源; (2)大力植树造林,严禁乱砍滥伐

考霸笔记:

　　大气中的二氧化碳气体能像温室的玻璃或塑料薄膜那样,使地面吸收的太阳光的热量不易散失,从而使全球变暖,这种现象叫"温室效应"。

续表

说明	由于二氧化碳不能供给呼吸,故进入久未开启的菜窖前要先点燃一支蜡烛,用绳子系住,放入菜窖内,若蜡烛燃烧不旺或立即熄灭,说明二氧化碳的浓度较大,人不宜进入,以防发生意外

核心考点 2　一氧化碳

1.一氧化碳的性质与用途

	性质	用途
物理性质	无色无味、难溶于水,密度比空气略小	
化学性质	可燃性 $2CO + O_2 \xrightarrow{\text{点燃}} 2CO_2$	作燃料,管道煤气的主要成分就是一氧化碳
	还原性 $CO+CuO \xrightarrow{\triangle} Cu + CO_2$ $3CO+ Fe_2O_3 \xrightarrow{\text{高温}} 2Fe + 3CO_2$	冶炼金属,如工业上常用 CO 来炼铁

考霸笔记:

一氧化碳具有毒性

中毒原因:一氧化碳跟血液中的血红蛋白的结合能力比氧气强,使人体缺少氧气而窒息死亡。

防治措施:用煤炉取暖时,注意通风。发生一氧化碳中毒时,轻者呼吸大量空气,重者送往医院治疗。

2.一氧化碳还原氧化铜的实验探究

<table>
<tr><td rowspan="2">实验装置</td><td colspan="3">
一氧化碳 氧化铜 澄清的石灰水</td></tr>
<tr><td></td><td></td><td></td></tr>
<tr><td>实验步骤</td><td>(1)检验CO的纯度</td><td>(2)先通入CO,再加热</td><td>(3)实验结束后,先停止加热,继续通CO,直到冷却</td></tr>
<tr><td>原因分析</td><td>防止CO中混有氧气,加热时爆炸</td><td>排尽玻璃管中的空气,防止加热爆炸</td><td>防止玻璃管中进入空气,生成的铜重新被氧化</td></tr>
<tr><td>实验现象</td><td colspan="3">(1)黑色粉末变为红色;(2)澄清石灰水变浑浊</td></tr>
<tr><td>结论</td><td colspan="3">CO具有还原性,将氧化铜还原为铜,同时生成CO_2
$CO + CuO \xrightarrow{\triangle} Cu + CO_2$
还原剂 氧化剂</td></tr>
</table>

考霸笔记:

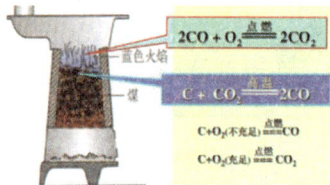

$2CO + O_2 \xrightarrow{点燃} 2CO_2$ 蓝色火焰
$C + CO_2 \xrightarrow{高温} 2CO$
$C+O_2(不充足) \xrightarrow{点燃} CO$
$C+O_2(充足) \xrightarrow{点燃} CO_2$

煤炉燃烧不充分时,会产生一氧化碳,一氧化碳无色无味,比空气轻,易于燃烧,燃烧时为蓝色火焰。空气中一氧化碳含量如果达到0.04%－0.06%时,就可使人中毒。

核心考点 3 二氧化碳与一氧化碳性质比较

		二氧化碳	一氧化碳
物理性质		无色、无味的气体	无色、无味的气体
		密度比空气大	密度比空气略小
		能溶于水	难溶于水
化学性质		无可燃性,用来灭火	有可燃性,作燃料 $2CO+O_2 \xrightarrow{\text{点燃}} 2CO_2$
		二氧化碳能与水反应生成碳酸 $CO_2+H_2O==H_2CO_3$	不能与水反应
		能与澄清石灰水反应,使其变浑浊 $Ca(OH)_2+CO_2==CaCO_3\downarrow+H_2O$	不能与澄清石灰水反应
		参与光合作用	不能参与光合作用
		不能与金属氧化物反应,无还原性	能与金属氧化物反应,具有还原性 $CO+CuO \xrightarrow{\triangle} Cu+CO_2$
鉴别CO与CO$_2$的方法		(1)用燃烧的木条伸入瓶中:能被点燃的是CO;能使燃烧的木条立即熄灭的是CO_2。(2)通入澄清石灰水:能使澄清石灰水变浑浊的是CO_2,不能变浑浊的是CO。(3)通入紫色石蕊溶液:能使紫色石蕊溶液变红色的是CO_2,不能变色的是CO。(4)通过灼热的CuO:能使黑色的氧化铜粉末变红的是CO,不能变色的是CO_2	

考霸笔记:

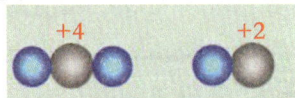

+4   +2

每个CO_2分子比每个CO分子多一个氧原子,由于分子构成不同,可以推测他们的性质有很大的不同。

有一种物质,

农民伯伯说它是植物的粮食;

消防官兵赞美它是灭火先锋;

建筑师称它是粉刷匠;

而环境学家却指责它是导致温室效应的罪魁祸首。

它是什么?

——二氧化碳

专题十八　燃料(1)
——燃烧和灭火

考霸笔记：

广义的燃烧是指任何发光、发热的剧烈的反应，不一定要有氧气参加。比如金属钠(Na)和氯气(Cl₂)反应生成氯化钠(NaCl)，该反应没有氧气参加，但是剧烈的发光放热的化学反应。

核心考点 1　燃烧

1.定义

通常情况下,可燃物与氧气发生的一种发光、放热的剧烈的氧化反应。

注意：

(1)反应物——与氧气反应；

(2)燃烧的现象——发光、放热；

(3)燃烧的程度——剧烈；

(4)反应类型——氧化反应。

2.探究燃烧的条件

实验原理与装置	甲:在 500 mL 的烧杯中注入 300 mL 热水,并放入用硬纸圈圈住的一小块白磷,在烧杯上盖一片薄铜片,铜片一端放一小堆干燥的红磷,另一端放一小块已用滤纸吸去表面上水的白磷。乙:向热水下的白磷通入氧气
实验现象	甲:铜片上的白磷燃烧,红磷不燃烧;水下的白磷不燃烧乙:水下白磷燃烧
实验分析	白磷的着火点很低,只有 40 ℃,热水的温度足以达到其着火点;而红磷的着火点为 240 ℃,热水的温度达不到其着火点。甲中铜片上的红磷不燃烧,是因为温度达不到红磷的着火点,说明燃烧必须使温度达到可燃物的着火点;甲中水下的白磷不燃烧是因为缺少氧气。乙中本来不燃烧的白磷通入氧气后立即燃烧,说明燃烧需要氧气
实验结论	燃烧需要三个条件:(1)有可燃物;(2)可燃物要与氧气接触;(3)可燃物达到燃烧需要的最低温度(着火点)

考霸笔记:

3.燃烧的条件

(1)可燃物;(2)氧气(或空气);(3)可燃物达到燃烧需要的最低温度(着火点)。

说明:(1)物质燃烧必须三个条件同时具备,缺一不可;只要具备了这三个条件就一定能燃烧,无论其他条件如何。(2)着火点是可燃物的一种属性,与可燃物的外形、与氧气的接触面积等有关系。

考霸笔记:

物质	白磷	红磷	木材	木炭	无烟煤
着火点/℃	40	240	250—330	320—370	700—750
说明	着火点是可燃物的一种属性,与可燃物的组成、结构、外形、与氧气的接触面积等有关系。可燃物与氧气的接触面积越大,着火点越低。如煤块的着火点很高,但煤粉的着火点就很低;木头着火点较高,劈成木条后着火点较低。红磷和白磷都是由磷元素组成的不同单质,由于其内部结构不同,导致其着火点差别很大				

核心考点 **2**　灭火

1.灭火的原理和方法

灭火的原理	破坏燃烧的条件	灭火实例
灭火的方法	(1)移走可燃物	常用于森林火灾
	(2)隔绝空气(或氧气)	油锅失火可盖上锅盖,酒精灯火焰用灯帽盖灭,以及二氧化碳灭火
	(3)降低温度	用水灭火就是通过水蒸发吸热降温至着火点以下
说明	只要破坏燃烧的一个条件即可达到灭火的目的	

2.燃烧条件与灭火原理的对比

燃烧条件	灭火原理
物质具有可燃性	隔离可燃物
与氧气充分接触	隔绝氧气(空气)
温度达到着火点	降温到该物质的着火点以下
三个条件同时具备	满足一个条件即可

考霸笔记:

草垛远离房屋——隔离可燃物(相关成语:釜底抽薪、抱薪救火、火上浇油)

盖上锅盖——隔绝空气(相关成语:煽风点火)

浇水——降低温度(相关成语:杯水车薪)

3.常用灭火器介绍

灭火器	灭火原理	使用方法	适用范围
水基型灭火器	产生的泡沫喷射到燃料表面,泡沫层析出的水在燃料表面形成一层水膜,使可燃物与空气隔绝,达到灭火的目的	取下喷射软管,拔掉保险销;压下手把,对准火焰根部喷射	泡沫和水膜的双重作用,能快速、高效灭火,可用来扑灭非水溶性可燃性液体,如汽油、柴油等,以及固体材料,如木材、棉布等引起的失火
干粉灭火器	利用压缩的二氧化碳吹出干粉(主要含有碳酸氢钠或磷酸铵盐),使可燃物与空气隔绝,达到灭火目的	使用时,只要除去铅封,上下摇动几次,拔下保险销,左手握着喷管,右手提着压把,在距火焰三米的地方,对准火焰根部喷射干粉覆盖整个燃烧区	具有流动性好、喷射率高、不腐蚀容器和不易变质等优良性能,除可用来扑灭一般失火外,还可用来扑灭油、气等燃烧引起的失火

考霸笔记:

消防栓
FIRE HYDRANT
操作方法

1. 打开箱门
2. 取出水带
3. 将水带抛开
4. 一头接在阀门上
5. 一头接上水枪
6. 一人将水枪对准火苗
7. 一人打开阀门

续表

灭火器	灭火原理	使用方法	适用范围
二氧化碳灭火器	在加压时将液态二氧化碳压缩在小钢瓶中,灭火时再将其喷出,有降温和隔绝空气的作用	使用时,只要除去铅封,拔下保险销,手一定要先握在钢瓶的木柄上,防止冻伤,另一只手按下压把,对准火焰	灭火时不会因留下任何痕迹而使物体损坏,因此可用来扑灭图书、档案、贵重设备、精密仪器等处的失火。使用时,手一定要先握在钢瓶的木柄上,否则,会把手冻伤

4.常见易燃易爆物

(1)易燃物指的是易燃的气体和液体,容易燃烧、自燃或遇火可以燃烧的固体以及一些可以引起其他物质燃烧的物质等。易爆物指空气中混有可燃性的气体或粉尘,遇明火就有爆炸的危险,也有些是受热或受到撞击时易发生爆炸的物质。

(2)常见的易燃易爆物品有:煤油、酒精、烟花、汽油、天然气、沼气、一氧化碳、甲烷、丙烷、乙烯、乙烷、乙炔等。

考霸笔记：

　　失火时拨打 119 火警电话，要告知详细地址、着火部位、火源种类、燃烧状况。

（3）一些与燃烧和爆炸有关的图标：

当心火灾—易燃物质　　当心爆炸—爆炸性物质　　当心火灾—氧化物

禁止烟火　　禁止带火种　　禁止燃放鞭炮　　禁止吸烟　　禁止放易燃物

核心考点 3　　燃烧、爆炸与缓慢氧化的区别

	燃烧	爆炸	缓慢氧化
概念	通常所说的燃烧是物质与氧气发生的剧烈的发光、放热的氧化反应	可燃物在有限的空间内急剧燃烧，就会在短时间内聚集大量的热，使气体的体积迅速膨胀而引起爆炸	氧化反应进行得很慢，不容易被觉察

续表

	燃烧	爆炸	缓慢氧化
条件	(1)有可燃物; (2)可燃物要与氧气接触;(3)可燃物达到燃烧需要的最低温度(着火点)	有限的空间内发生急剧的燃烧; 气体的爆炸需要达到爆炸极限	接触氧气
现象	剧烈的发光、放热	剧烈的发光、放热,体积的迅速膨胀	只放热、不发光
举例	木柴燃烧、蜡烛燃烧、镁条燃烧等	油罐爆炸、液化气泄漏爆炸、氢气与氧气的混合气体爆炸等	动植物的呼吸、酒和醋的酿造、钢铁生锈、食物腐败等
共同点	都是氧化反应,都放出热量		

考霸笔记:

防止切开的苹果氧化的方法:

1.保鲜膜覆盖;

2.柠檬汁、盐水、碳酸饮料等浸泡3到5分钟。

专题十九　燃料(2)——燃料的合理利用与开发

考霸笔记：

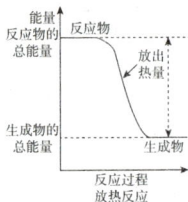

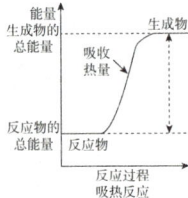

吸热、放热反应过程能量变化图

核心考点 1　化学反应中的能量变化

1.定义

化学反应不仅有物质的变化,还伴随着能量的变化,通常表现为热量变化。

有些化学反应会放出热量(称为放热反应),如燃烧、镁和盐酸反应等;也有些反应会吸收热量(称为吸热反应),如碳与二氧化碳反应。

2.常见的吸热反应和放热反应

	概念	常见反应
吸热反应	在化学反应中吸收热量	$CaCO_3 \xrightarrow{\text{高温}} CaO + CO_2 \uparrow$ $2KMnO_4 \xrightarrow{\text{加热}} K_2MnO_4 + MnO_2 + O_2 \uparrow$ $C + CO_2 \xrightarrow{\text{高温}} 2CO$ $3CO + Fe_2O_3 \xrightarrow{\text{高温}} 2Fe + 3CO_2$
放热反应	在化学反应中放出热量	$2Mg + O_2 \xrightarrow{\text{点燃}} 2MgO$ $2H_2 + O_2 \xrightarrow{\text{点燃}} 2H_2O$ $CH_4 + 2O_2 \xrightarrow{\text{点燃}} CO_2 + 2H_2O$ $C + O_2 \xrightarrow{\text{点燃}} CO_2$ $Mg + 2HCl = MgCl_2 + H_2 \uparrow$ $CaO + H_2O = Ca(OH)_2$

3.人类生活对能量的利用

①生活燃料的利用:做饭、取暖等;

②利用燃料烧烧产生的能量:发电、制陶瓷、冶炼金属和发射火箭;

③利用爆炸产生的巨大能量:开山炸石;

④营养物质在体内发生缓慢氧化放出热量,维持体温。

核心考点 2　化石燃料的利用

1.概念

化石燃料是由古代生物的遗骸经过一系列复杂变化而形成的。化石燃料包括煤(工业的粮食)、石油(工业的血液)和天然气,是不可再生能源。

2.煤的综合利用

煤是固体燃料,其最大的缺点是燃烧速率慢,利用效率低,且不适用于多数运输业作动力源,还会导致严重的大气污染。从资源、经济与环境三方面综合考虑,适宜在煤产地搞热电联产,提高煤炭转换成电能的比重,在城市发展煤气或液化燃料。煤是我国主要的化石燃料,占90%以上,煤的综合利用措施主要有下列三条:

(1)煤的气化:目前主要是利用煤在高温下与水蒸气的反应。产物为燃

考霸笔记:

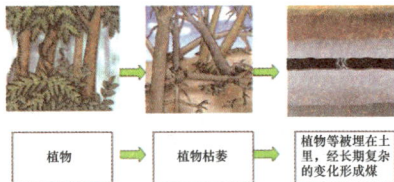

煤的形成过程

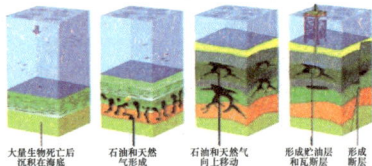

| 植物 | → | 植物枯萎 | 植物等被埋在土里,经长期复杂的变化形成煤 |

石油的形成过程

料气,又可作化工原料。主要产品有 CO、CH_4、H_2 等。

(2)煤的焦化:也称煤的干馏,是在隔绝空气的条件下加强热,使组成煤的物质发生分解反应。主要产品及用途:焦炭——金属冶炼;煤焦油——重要的化工原料;焦炉气——含有 CO、CH_4、H_2 等,既可作燃料又是重要的化工原料。

(3)煤的液化:煤发生化学反应,分裂为小分子,利用催化剂向小分子中加入氢元素,得到与石油产品成分相近的燃料油,是一项人造石油的技术。

3.石油的综合利用

(1)石油是由多种物质组成的混合物,没有固定的组成和性质,根据组成石油的各组分的沸点不同,可从石油中分离出不同的燃料,如汽油、煤油、液化石油气等。

(2)石油分馏产品及用途:

溶剂油——溶剂

汽油——汽车燃料

航空煤油——飞机燃料

柴油——拖拉机、轮船燃料

润滑油——润滑剂

石蜡——蜡烛

沥青——筑路

考霸笔记:

煤气

1.煤气的形成:煤气作为一种生活燃料,在一些城市被使用。煤气通常情况下是利用煤与水蒸气在高温条件反应生成的:$C + H_2O \xrightarrow{\text{高温}} CO + H_2$,煤气的主要成分是 CO,但同时含有 H_2、CH_4 等其他可燃性气体。

2.煤气中报警物质的特性:由于煤气的主要成分 CO 是一种无色、无味的有毒气体,当煤气泄漏时不易被察觉,会危害人体健康甚至危及生命。为了安全起见,通常在煤气中加入一种特殊的物质,如乙硫醇(C_2H_5SH)。乙硫醇具有特殊刺激性气味,当煤气泄漏时,可以使人很快警觉,并马上采取措施,防止发生爆炸、火灾和中毒事故;同时,乙硫醇在煤气燃烧过程中可以充分燃烧。不仅煤气,其他可燃性气体如天然气、液化石油气中通常也加入少量报警物质。

　　石油不仅是优质的能量来源，还是宝贵的化工资源。使石油中的大分子断裂为小分子，小分子重新组合成大分子，从而把石油转化为工农业、医疗、化工等产品，因此把石油称作"工业的血液"。石油化学工业不同于石油分离，石油化学工业是石油发生复杂的反应，从而生成各种产品，是化学变化。

4.煤和石油的对比

		煤	石油
相同点		都是混合物	
		都是古代生物的遗骸经过复杂的变化形成，属于不可再生能源	
不同点	主要元素	碳元素	碳、氢两种元素
	综合利用方式	干馏：隔绝空气加强热，生成焦炭、煤焦油、煤气等，属于化学变化	分馏：利用所含各成分的沸点不同加以分离，得到汽油、煤油、柴油等，属于物理变化
	使用方法	可直接作燃料，也可加工后作燃料	含杂质太多，不能直接作燃料，必须加工后使用

5.天然气

（1）天然气的主要成分是甲烷，主要含碳、氢两种元素。天然气里的甲烷是在隔绝空气的情况下,主要由植物残体分解而生成的。有石油的地方,一般就有天然气。天然气是一种重要的气体燃料。但其贮藏量是有限的。

甲烷是由碳、氢两种元素组成的化合物,其化学式为 CH_4,是一种最简单的有机物,其中含氢元素的质量分数为 25%,是氢元素含量最高的有机物。

(2)探究天然气的性质:

	现象	结论或化学方程式
物理性质	无色、气体	
化学性质	点燃甲烷,火焰呈淡蓝色;火焰上方罩一干而冷的烧杯,烧杯内壁有水珠,倒入澄清石灰水,石灰水变浑浊	甲烷能燃烧,燃烧后生成二氧化碳和水。 $CH_4 + 2O_2 \xrightarrow{\text{点燃}} CO_2 + 2H_2O$

核心考点 3　使用燃料对环境的影响

1.化石燃料燃烧产生的物质

化石燃料煤、石油和天然气都含碳元素,其中还含硫元素等杂质。这些燃料燃烧时,会产生二氧化硫等污染空气的气体,燃料燃烧不充分,会产生一氧化碳和碳粒,加上未燃烧的碳氢化合物,如果直接排放到空气中必然对空气造成污染。化石燃料燃烧时排放出的物质有:

(1)一氧化碳;

(2)碳氢化合物;

(3)碳粒和尘粒;

(4)二氧化碳;

(5)二氧化硫。

2.煤燃烧产生的有害物质

由于煤所含元素有 C、H、N、S、O 等几种,所以煤燃烧时会排放出二氧化硫、氮的氧化物等。这些气体溶于水会形成酸雨,酸雨会对森林、雕像、建筑物等造成腐蚀。当煤未充分燃烧时,会产生一氧化碳,一氧化碳是有毒的污染物。煤在燃烧时,会分散出固体小颗粒(未燃烧的碳粒),造成对空气的粉尘污染。家里用煤炉烧煤时,常常会闻到一股刺激性气味,并看到炉口上方有蓝色火

考霸笔记:

减少煤污染的措施

a.燃烧低硫优质煤,或是采用燃料脱硫技术,减少 SO_2 的排放;

b.尽量使燃料完全燃烧;

c.减少化石燃料的使用,开发新能源;

d.植树造林;

e.变分散供热为集中供热。

焰,这种刺激气味是烧煤时产生的二氧化硫的气味,蓝色火焰主要是生成的一氧化碳燃烧而产生的。二氧化碳大量排放,超过自然界的消耗能力,就会引起温室效应,会使大气变暖,冰川融化,海平面上升,陆地面积减少。

考霸笔记：

酸雨的形成及危害

形成	煤主要含有碳元素,另外含有少量的硫、氮等元素,因而煤燃烧会产生污染空气的一氧化碳(CO)、二氧化硫(SO_2)和二氧化氮(NO_2)等。其中二氧化硫和二氧化氮会随着雨水落到地面,形成酸雨
危害	(1)腐蚀森林、农作物,使叶子脱落,植株死亡;(2)腐蚀大理石雕像和金属制品;(3)引起水体酸化,严重影响水生动植物的生长
防治措施	(1)大力进行煤炭洗选加工,综合开发煤、硫资源;(2)回收二氧化硫;(3)发展脱硫煤、成型煤供民用;(4)对于高硫煤和低硫煤实行分产分运,合理使用;(5)有计划地进行城市煤气化等

3.汽车尾气对环境的影响

汽车尾气中的污染物	一氧化碳、未燃烧的碳氢化合物、烟尘	氮的氧化物	含铅化合物
产生的原因	燃料燃烧不充分	汽油中含有氮元素	汽油中使用含铅防爆剂

考霸笔记：

续表

针对性防治措施	改进发动机的燃烧方式,以使燃料充分燃烧	使用催化净化装置,使有害气体转化为无害物质	使用无铅汽油,在汽油中添加适量的酒精制成乙醇汽油
综合治理措施	使用清洁能源,例如压缩天然气(CNG)和液化石油气(LPG);加大检测尾气的力度,禁止尾气没有达到环保标准的汽车上路		
说明	煤和石油造成空气污染的原因可以总结为以下几个方面: (1)燃料中的杂质如硫、氮等燃烧时,产生空气污染物,如 SO_2、NO_2 等。 (2)燃料燃烧不充分,产生一氧化碳。 (3)未燃烧的碳氢化合物及碳粒、尘粒等排放到空气中		

考霸笔记:

　　氢能属于绿色能源(绿色能源的概念:原料广泛、成本低廉、安全可靠、应用范围广、不污染环境的燃料)。

核心考点 4　能源的利用与开发

1.氢能

(1)优点

有广泛的来源,可用水做原料;本身无毒,放出的热量高;燃烧后的产物是水,不污染环境。

(2)氢气的实验室制法

药品	锌粒和稀硫酸
反应原理	$Zn + H_2SO_4 == ZnSO_4 + H_2\uparrow$
装置	(1)排水法收集氢气　(2)向下排空气法收集氢气
操作步骤	(1)组装仪器;(2)检查装置的气密性;(3)将锌粒放入试管;(4)加入稀硫酸;(5)检验收集的氢气的纯度;(6)收集一瓶纯净的氢气;(7)收集满后盖上玻璃片,把集气瓶倒放在桌面上
收集方法	因为氢气的密度比空气小,故可用向下排空气法收集;因为氢气难溶于水,故可用排水法收集
说明	(1)由于制取氢气所用的药品是固体与液体,反应不需要加热,故发生装置与实验室制取二氧化碳和过氧化氢制取氧气的装置相似。 (2)很多金属,如铁、镁等都能与酸反应生成氢气,但铁反应太慢,镁反应太快,因此选择反应速率适中的锌。 (3)药品尽量不用盐酸,防止制得的氢气中混有氯化氢气体

考霸笔记:

　　制取氢气的实验原理:通过活泼金属与稀硫酸反应制取氢气,通常是用金属锌与稀硫酸或稀盐酸反应。若用镁会反应速度太快,不利于收集;若用铁会反应速度太慢;若用浓盐酸与锌反应生成氢气,会使制得的氢气中含有氯化氢气体,可通过氢氧化钠溶液吸收而除去。

2.乙醇的性质和用途

俗名及化学式	俗名:酒精　　化学式:C_2H_5OH
制取方法	绿色植物的籽粒经过发酵、蒸馏得到;也可用其他物质合成
物理性质	无色、液体,有特殊香味,易挥发,与水以任意比例互溶
化学性质	具有可燃性,燃烧放出大量的热 $C_2H_5OH + 3O_2 \xrightarrow{\text{点燃}} 2CO_2 + 3H_2O$
用途	用作酒精灯、火锅、内燃机等的燃料;医用消毒剂、有机溶剂、饮料等
说明	(1)工业酒精含有较多的甲醇,甲醇是一种有毒的物质,可使人眼睛失明,甚至中毒致死。因此严禁用工业酒精勾兑白酒。 (2)车用乙醇汽油:将乙醇液体中含有的水进一步除去,再添加适量的变性剂可形成变性燃料乙醇,将其与汽油以一定的比例混合形成乙醇汽油,这种燃料不仅可以节省石油资源和有效地减少汽车尾气的污染,还可促进农业生产。 (3)乙醇汽油是乙醇和汽油的混合物,而不是化合物。 (4)乙醇可用植物的种子发酵得到,属于可再生资源

考霸笔记:

酒精消毒注意事项:

不可将酒精用于大面积喷洒,不建议使用酒精对衣物喷洒消毒,做饭、打电话、吸烟、使用电蚊拍等行为,在喷洒高浓度酒精后均不能立即进行。空气中乙醇浓度超过3%即可发生火灾。在大量使用酒精时,酒精挥发使室内空气中乙醇浓度增加,比直接点燃酒精更危险。

3.可待开发的新能源

可燃冰	能量高、燃烧热值大	开采过程中一旦泄漏,容易造成温室效应
太阳能	无污染、低成本、可直接利用	不便储存
风能		
潮汐能		
核能	能效高	一旦泄漏导致核辐射污染

考霸笔记:

太阳能热水器

太阳能路灯

风能发电

专题二十　金属材料

导电性好

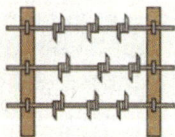

有延展性

核心考点 1　金属的物理性质

1.金属的物理性质及用途

物理性质	用途
具有金属光泽	可作装饰品
机械强度大	加工成多种工具,如铁锤、剪刀、机床底座等
延展性好	制成车辆外壳、钢丝绳、铝箔纸等
导电性好	制造电极、电线、电缆等
传热性好	制造铁锅、铝壶等

续表

物理性质	用途
说明	(1)金属具有一些共同的物理性质:有金属光泽,能导电、导热,有延展性等。不同的金属物理性质也有很多差别,如:①多数金属常温下呈固态,汞(俗称"水银")呈液态;②多数金属银白色(铁在粉末状时呈黑色),铜是紫红色,金是黄色;③铁、钴、镍能被磁铁吸引,其他金属一般不能。 (2)在常见的金属中,导电性最好的是银,其次是铜;密度最大的是金,其次是铅;熔点最高的是钨,其次是铁;硬度最大的是铬,其次是钨。 (3)物质的用途是由其性质决定的,但性质不是决定用途的唯一因素,还要考虑物质的来源、价格、环保等方面。如:银的导电性比铜好,但一般不用银制造电线、电缆,而是用铜或铝,因为银比较稀少,价格高,不经济

2.某些金属的物理性质

物理性质	物理性质比较
导电性(以银的导电性为100作标准)	银　铜　金　铝　锌　铁　铅 (优)100　99　74　61　27　17　7.9(良)

考霸笔记:

地壳中含量最高的金属元素——铝;

人类最早发现和冶炼的金属——铜;

人体中含量最高的金属元素——钙;

目前世界年产量最高的金属——铁;

导电、导热性最好的金属——银;

硬度最高的金属——铬;

熔点最高的金属——钨;

熔点最低的金属——汞;

密度最大的金属——锇;

密度最小的金属——锂;

制造新型高速飞机最重要的金属——钛;

海水中储量最大的放射性元素——铀;

展性最强的金属——金;

延性最好的金属——铂。

续表

物理性质	物理性质比较						
密度/(g·cm⁻³)	金	铅	银	铜	铁	锌	铝
	(大)19.3	11.3	10.5	8.92	7.86	7.14	2.7(小)
熔点/℃	钨	铁	铜	金	银	铝	锡
	(高)3410	1535	1083	1064	962	660	232(低)
硬度(以金刚石的硬度为10作标准)	铬	铁	银	铜	金	铝	铅
	(大)9	4-5	2.5-4	2.5-3	2.5-3	2-2.9	1.5(小)

核心考点 2　合金

1.定义

合金是在金属中加热融合某些金属或非金属,从而得到具有金属特性的混合物。

说明:(1)融合方式包括:金属与金属;金属与非金属;金属与金属、非金属。(2)物质分类:混合物。(3)合金性质:具有金属特性。

2.常见的合金

合金	主要成分	主要性能	主要用途
球墨铸铁	铁、碳、硅、锰	机械强度好	在某些场合可以代替钢
锰钢	铁、锰、碳	韧性好、硬度大	钢轨、铲斗、坦克装甲、自行车架
不锈钢	铁、铬、镍	抗腐蚀性好	医疗器械、炊具
青铜	铜、锡	强度高、可塑性好、耐磨、耐腐蚀	机器零件
黄铜	铜、锌	强度高、可塑性好、易加工、耐腐蚀	机器零件、仪表、日用品
白铜	铜、镍	光泽好、耐磨、耐腐蚀、易加工	钱币、代替银作饰品
焊锡	锡、铅	熔点低	焊接金属
硬铝	铝、铜、镁、硅	强度或硬度均比纯铝或纯镁大	火箭、飞机、轮船的制造
18K 黄金	金、银、铜	光泽好、耐磨、易加工	金饰品、钱币、电子元件
18K 白金	金、银、镍、锌	光泽好、耐磨、易加工	金饰品

考霸笔记:

生活中的铝制品大多数是铝合金,与纯铝相比,铝合金的硬度更大。在空气中,铝制品表面易形成一层致密的氧化膜,起到保护作用。

考霸笔记：

黄铜可在铜片上划出痕迹

3.合金的性质

(1)合金一般比其组分金属的颜色更鲜艳；

(2)合金的硬度一般大于组成它们的金属；

(3)合金的熔点一般低于组成它们的金属；

(4)合金的抗腐蚀能力一般强于组成它们的金属。

考霸笔记：

		生铁	钢
联系		主要成分都是铁,都含碳及少量杂质	
区别	含碳量	$2\%-4.3\%$	$0.03\%-2\%$
	其他元素	Si、Mn、S、P	Si、Mn
	性能	硬而脆	硬而坚韧,弹性和延展性更好

考霸笔记：

形状记忆合金

　　形状记忆合金是具有形状记忆效应的合金,被广泛应用于做人造卫星和宇宙飞船的天线,水暖系统、防火门和电路断电的自动控制开关,以及牙齿矫正等医疗材料。

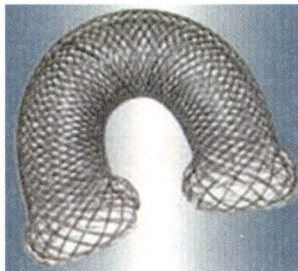

钛镍形状记忆合金肠道支架

专题二十一 金属的化学性质

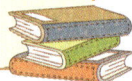

真金不怕火炼——金的化学性质稳定，高温时也不与氧气发生反应。

铝能保护铁——铁在潮湿的空气中容易生锈，生活中我们经常看到一种银白色的油漆涂抹在暖气片或铁栅栏的表面，来防止铁生锈，这种银白的油漆通常叫"银粉"，其实是"铝粉"，为什么铝可以保护铁呢？这是因为铝的"自我保护意识"很强！铝在常温下能与空气中的氧气反应形成致密的氧化膜，从而隔绝氧气，对内部金属起到保护作用，这就是铝可以用来保护铁的原因。

核心考点 1 金属和氧气的反应

金属	在空气中	在氧气中	方程式
镁	常温下表面逐渐变暗。点燃剧烈燃烧，发出耀眼的白光，生成白色固体	点燃，剧烈燃烧，发出耀眼的白光，生成白色固体	$2Mg+O_2 \xrightarrow{点燃} 2MgO$
铝	常温下，铝表面变暗，生成一层致密氧化膜，保护铝不再被腐蚀	点燃，剧烈燃烧，火星四射，放出大量的热，生成白色固体	$4Al+3O_2 \xrightarrow{点燃} 2Al_2O_3$
铁	持续加热发红，离火变冷	火星四射，放出大量的热，生成黑色固体	$3Fe+2O_2 \xrightarrow{点燃} Fe_3O_4$

续表

金属	在空气中	在氧气中	方程式
铜	加热,生成黑色物质,在潮湿的空气中,生成铜绿而被腐蚀	加热,生成黑色固体	$2Cu+O_2 \xrightarrow{\triangle} 2CuO$
金	即使在高温条件下也不和氧气反应		
结论	大多数金属都能和氧气反应,但反应的难易程度和剧烈程度不同;金属越活泼,越易与氧气反应,同等条件下反应越剧烈		

核心考点 2　金属与酸的反应

金属	盐酸		硫酸	
	现象	化学方程式	现象	化学方程式
镁	剧烈反应,有大量气泡产生,溶液无色	$Mg + 2HCl \\ == MgCl_2 + \\ H_2\uparrow$	剧烈反应,有大量气泡产生,溶液无色	$Mg + H_2SO_4 == \\ MgSO_4 + H_2\uparrow$

考霸笔记:

　　镁、锌、铁三种金属都能与盐酸反应,但反应的剧烈程度不同,反应后都生成了氢气,铜与稀盐酸不发生反应。

续表

金属	盐酸		硫酸	
	现象	化学方程式	现象	化学方程式
锌	反应较快,有大量气泡产生,溶液无色	$Zn + 2HCl == ZnCl_2 + H_2\uparrow$	反应较快,有大量气泡产生,溶液无色	$Zn + H_2SO_4 == ZnSO_4 + H_2\uparrow$
铁	有少量气泡产生,反应慢,溶液由无色变为浅绿色	$Fe + 2HCl == FeCl_2 + H_2\uparrow$	有少量气泡产生,反应慢,溶液由无色变为浅绿色	$Fe + H_2SO_4 == FeSO_4 + H_2\uparrow$
结论	从反应速率看出三种金属的活动性为:Mg>Zn>Fe			

考霸笔记:

火炬上"祥云"图案的制作流程

(1)在金属表面涂上一层防酸材料;(2)在防酸材料上刻出"祥云"图案;(3)再用稀盐酸对表面进行处理,盐酸能"吃掉"金属;(4)除去防酸材料层,金属板上显现出"祥云"图案。

核心考点 3 置换反应

1.定义

由一种单质与一种化合物反应,生成另一种单质和另一种化合物的反应。置换反应是化学基本反应类型之一。

2.特征

反应物和生成物都是一种单质和一种化合物。

3.通式

$$A+BC \rightarrow B+AC$$

4.置换反应与化合反应、分解反应的区别

反应类型	化合反应	分解反应	置换反应
概念	由两种或两种以上物质生成另一种物质的反应	由一种反应物生成两种或两种以上其他物质的反应	由一种单质与一种化合物反应,生成另一种单质和另一种化合物的反应
表达式	$A+B+\cdots \longrightarrow C$	$C \longrightarrow A+B+\cdots$	$A+BC \longrightarrow B+AC$
说明	(1)置换反应与化合反应、分解反应一样,属于基本反应类型。 (2)多数金属与酸、金属与盐溶液的反应都属于置换反应。 (3)单质铁与酸、硫酸铜等发生置换反应时,生成的是亚铁盐(即铁元素为 +2 价),如生成 $FeCl_2$ 和 $FeSO_4$,而不能写成 $FeCl_3$ 和 $Fe_2(SO_4)_3$		

考霸笔记:

置换反应是由一种单质与一种化合物反应,生成另一种单质和另一种化合物的反应。

金属与酸的反应不一定属于置换反应:

一般情况下,较活泼的金属跟酸发生的化学反应属于置换反应。但由于浓硫酸(或硝酸)具有强氧化性,金属与浓硫酸(或硝酸)反应时,生成物相对比较复杂。这类反应不属于置换反应。

核心考点 4　金属活动性顺序

1.探究金属的活动性

实验	现象	反应的化学方程式	结果
铁丝放入硫酸铜溶液	铁丝表面有红色物质生成	$Fe + CuSO_4 =\!=\!=$ $FeSO_4 + Cu$	铁比铜活泼
铝丝放入硫酸铜溶液	铝丝表面有红色物质生成	$2Al + 3CuSO_4 =\!=\!=$ $Al_2(SO_4)_3 + 3Cu$	铝比铜活泼
铜丝放入硝酸银溶液	铜丝表面有银白色物质生成	$Cu + 2AgNO_3 =\!=\!=$ $Cu(NO_3)_2 + 2Ag$	铜比银活泼
结论	大多数活泼金属能将不活泼金属从其盐溶液中置换出来;反之则不能		

考霸笔记:

化学"表白式"——"$Mg + ZnSO_4 =$ $MgSO_4 + Zn$"——你的镁(美)偷走了我的锌(心)。

2.金属活动性顺序及其应用

顺序	$\xrightarrow{\text{K Ca Na Mg Al Zn Fe Sn Pb (H) Cu Hg Ag Pt Au}}$ 金属活动性由强到弱
应用	(1)在金属活动性顺序中,金属的位置越靠前,活动性越强。 (2)排在氢前面的金属能与酸反应放出氢气,且越靠前的反应速率越快,而排在氢后面的金属不能与酸反应放出氢气。 (3)在金属活动性顺序中,位置在前的金属(K、Ca、Na除外)可以把位于其后的金属从其盐溶液中置换出来

		方法一：取饰品灼烧，若变黑，则证明黄金饰品为假黄金，否则为真黄金。这是利用假黄金中的铜，在加热的条件下，与空气中的氧气反应，变为黑色的氧化铜，而真黄金不与氧气反应。$2Cu + O_2 \xrightarrow{\text{加热}} 2CuO$
举例	识别"真假黄金"（假黄金为铜锌合金）	方法二：取适量盐酸(或食醋)于玻璃杯中，放入饰品，若有气泡产生，则证明黄金饰品为假黄金，否则为真黄金。这是利用假黄金中的锌能与酸反应，而真黄金不能与酸反应。$Zn + 2HCl = ZnCl_2 + H_2\uparrow$
		方法三：取适量硫酸铜溶液(或硝酸银溶液)于玻璃杯中，放入饰品；若饰品表面有紫红色(或银白色)固体析出，证明是假的，否则是真的。这是利用假黄金中的锌能与硫酸铜反应置换出铜(或假饰品中的铜、锌能置换出硝酸银中的银)，而真黄金不能。$Zn + CuSO_4 = ZnSO_4 + Cu$　　($Cu + 2AgNO_3 = 2Ag + Cu(NO_3)_2$、$Zn + AgNO_3 = 2Ag + Zn(NO_3)_2$)

考霸笔记：

鉴定真假银元的方法

由金属活动性顺序可知：锌＞铜＞银，故可将银元浸入硫酸铜溶液中，若表面有红色物质析出，则是假的；锌＞氢＞银，故可将银元浸入稀盐酸中，若有气泡生成，说明是假的，反之，则是真的。

金属活动性顺序记忆口诀：加拿大美女(钾钙钠镁铝)；身体细纤轻[锌铁锡铅(氢)]；统共一百斤(铜汞银铂金)。

专题二十二　金属资源的利用和保护

考霸笔记：

赤铁矿Fe_2O_3　　磁铁矿Fe_3O_4　　菱铁矿$FeCO_3$

黄铁矿FeS_2　　铝土矿Al_2O_3　　闪锌矿ZnS

黄铜矿$CuFeS_2$

辉铜矿Cu_2S

赤铜矿Cu_2O

孔雀石$Cu_2(OH)_2CO_3$

核心考点 1　金属资源的存在

1.金属的存在形式

地球上的金属资源广泛存在于地壳和海洋中,除少数很不活泼的金属(如金、银等)以单质形式存在,其余大多数金属是以化合物的形式存在。

金属化合物在自然界中以矿物的形式存在。

把含有某种金属的矿物叫矿石。

2.地壳中金属含量

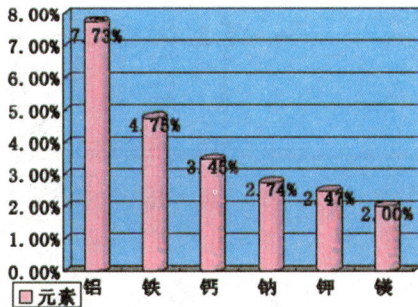

3.我国金属资源拥有情况

我国是世界上已知矿物种类比较齐全的少数国家之一,矿物储量也很丰富,其中钨、钼、钛、锡、锑等储量居世界前列,铜、铝、锰等储量在世界上也占有重要地位。

核心考点 2　铁的冶炼

1.炼铁的原理

大自然向人类提供了丰富的金属矿物资源,人类每年要提炼数以亿吨计的金属用于工农业生产和其他领域。其中,提取量最大的是铁。

考霸笔记：

试管中澄清石灰水变浑浊的化学方程式：$CO_2 + Ca(OH)_2 == CaCO_3\downarrow + H_2O$

酒精灯处产生蓝色火焰的化学方程式：$2CO + O_2 \xrightarrow{点燃} 2CO_2$

我国古代炼铁图

早在春秋战国时期，我国就开始生产和使用铁器，公元1世纪起，铁便成了一种最主要的金属材料。

装置	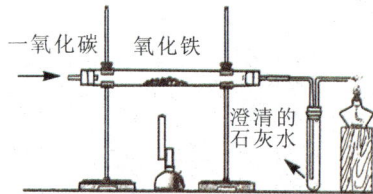
实验步骤	(1)检验装置的气密性；(2)装入药品并固定；(3)向硬质玻璃管内通入一氧化碳气体；(4)给氧化铁加热；(5)停止加热；(6)停止通一氧化碳
实验现象	红色粉末逐渐变成黑色；澄清石灰水变浑浊；尾气燃烧产生蓝色火焰
结论	一氧化碳还原氧化铁生成铁和二氧化碳 $Fe_2O_3 + 3CO \xrightarrow{高温} 2Fe + 3CO_2$
注意事项	(1)实验开始要先通CO，目的是排出装置内的空气，以免加热时CO与空气混合，发生爆炸。(2)实验完毕后继续通入CO直到试管冷却，目的是防止生成的铁在较高的温度下重新被氧化。(3)该实验一定要有尾气处理装置，因为尾气中含有未反应的CO，而CO有毒，如果不处理就排放到空气中会造成空气污染，甚至使人中毒

2.工业炼铁的过程

主要设备	炼铁高炉 炼铁高炉的结构
原料	铁矿石、焦炭、石灰石、空气
反应原理	(1)焦炭燃烧：$C+O_2 \xrightarrow{\text{点燃}} CO_2$（放出热量，提供高温）。 (2)二氧化碳与焦炭反应产生还原剂CO：$CO_2+C \xrightarrow{\text{高温}} 2CO$。 (3)CO将铁的氧化物还原为单质铁：$Fe_2O_3+3CO \xrightarrow{\text{高温}} 2Fe+3CO_2$ 或 $Fe_3O_4+4CO \xrightarrow{\text{高温}} 3Fe+4CO_2$
产品	生铁
说明	炼铁时各种原料的作用为： 焦炭：作燃料，提供高温，提供还原剂一氧化碳； 铁矿石：提供铁元素； 石灰石：将矿石中的杂质二氧化硅转化为炉渣，从产品中分离出来

考霸笔记：

高炉是个竖直的圆筒形炉子，炉壳用钢板制成，内部用耐火砖做里衬。炼铁过程中石灰石的主要作用是将矿石中的二氧化硅转变为炉渣。

核心考点 3   含杂质化学反应的计算

1.换算关系及计算步骤

(1)纯净物与含杂质物质的换算关系

含杂质物质质量×纯净物质量分数＝纯净物质量

纯净物质量÷纯净物质量分数＝含杂质物质质量

物质纯度＝纯净物质量÷混合物质量×100％＝1－杂质的质量分数

(2)含杂质物质的化学方程式的计算步骤

第一步:将含杂质的物质质量换算成纯净物的质量;

第二步:将纯净物质量代入化学方程式进行计算;

第三步:将计算得到的纯净物质量换算成含杂质的物质质量。

2.关于炼铁的计算

计算依据	质量守恒定律,化学反应前后元素的质量不变,铁矿石中的铁元素转移到生铁中

考霸笔记:

根据化学方程式计算的一般步骤:

设——设未知量(一般求什么就设什么,将所求的问题一次设出);

方——写出化学方程式并配平(计算中所用到的化学方程式);

关——写出有关物质的相对分子质量和已知量、未知量;

比——列出比例式;

算——求解数值;

答——简明地写出答案。

续表

解题分析	解答这类题目,一定要注意题目告诉的已知量和待求的未知量是什么,以及不纯物与纯净物之间的换算。 原料:赤铁矿(混合物)→氧化铁(纯净物) 产品:生铁(混合物)→纯铁(纯净物) $纯度 = \dfrac{纯净物的质量}{不纯物的质量} \times 100\%$ 则纯净物的质量＝不纯物的质量×纯度
举例	1 000 t 含氧化铁 80% 的赤铁矿中最多可以炼出含铁 96% 的生铁多少吨? 解:1 000 t 赤铁矿石中氧化铁的质量为 1 000 t×80%＝800 t 设 800 t 氧化铁理论上可以炼出铁的质量为 x,则 $$Fe_2O_3 + 3CO \xrightarrow{\text{高温}} 2Fe + 3CO_2$$ 160　　　　　　112 800 t　　　　　　x $160 : 112 = 800\ t : x$　　　$x = 560\ t$ 折合为含铁 96% 的生铁的质量为:560 t÷96%＝583 t。 答:1 000 t 含氧化铁 80% 的赤铁矿中最多可以炼出含铁 96% 的生铁 583 t

核心考点 **4**　铁制品的锈蚀和防护

1.探究铁生锈的条件

考霸笔记：

　　钢铁的锈蚀主要是铁与空气中的氧气、水蒸气等物质发生化学反应的结果。

　　利用铁生锈的原理，将铁粉作为食品包装袋中的"双吸"剂，防止食品受潮和氧化。

实验	步骤	现象
实验(1)	铁钉一半在空气中，一半在水中	铁钉生锈，且水与空气的界面处生锈最严重
实验(2)	铁钉完全浸没在蒸馏水中，上面覆盖了一层植物油（防止空气溶解于水中）	铁钉没有生锈
实验(3)	铁钉放在干燥的空气中	铁钉没有生锈

续表

实验	步骤	现象
结论	铁在与水和空气同时接触的条件下易生锈	
说明	(1)铁生锈其实是铁与空气中的氧气和水等物质发生的一系列复杂的化学反应,铁锈的成分很复杂,主要是 $Fe_2O_3 \cdot nH_2O$。铁锈很疏松,不能阻碍里层的铁继续与氧气、水等反应,因而铁制品可以完全被锈蚀。 (2)铁在接触了盐或酸的溶液后,生锈速率会大大加快。 (3)铁生锈的应用: ①利用铁生锈放热,制作热敷袋;②利用铁生锈消耗水和氧气的性质作食品的抗氧化剂,也称之为"双吸剂"	

2.防止铁生锈的方法

(1)改变金属的本质:制成合金钢,如不锈钢。

(2)形成保护层:刷油漆、涂油、烧制搪瓷、电镀上一层耐腐蚀的金属、通过化学方法使表面形成氧化物薄膜等。

(3)改善腐蚀环境:保持铁制品表面的干燥和洁净。

考霸笔记:

自行车防锈措施

支架刷油漆;链条涂油;钢圈镀铬;遇水后擦干等。

除锈方法

物理方法:用砂纸打磨,用刀刮。

化学方法:用酸清洗(酸不能过量),发生的反应为 $Fe_2O_3 + 6HCl =\!=\!= 2FeCl_3 + 3H_2O$ 或 $Fe_2O_3 + 3H_2SO_4 =\!=\!= Fe_2(SO_4)_3 + 3H_2O$。

3.金属资源的保护

考霸笔记:

　　金属回收是指从废旧金属中分离出来的有用物质经过物理或机械加工成为再生利用制品,是从回收、拆解、到再生利用的一条产业链。

保护金属资源 的有效途径	(1)防止金属腐蚀
	(2)废旧金属回收利用
	(3)有计划、合理地开采矿物,严禁不顾国家的利益乱采矿
	(4)寻找金属代用品,如用塑料代替金属制品
金属回收的意义	节约资源,保护环境,有着巨大的经济效益和社会效益

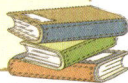

专题二十三　溶液的形成

核心考点 **1**　溶液

1.定义

一种或几种物质分散到另一种物质里,形成均一的、稳定的混合物,叫做溶液。

说明:

(1)溶液属于混合物;

(2)溶液的特征是均一、稳定;

(3)溶液中的溶质可以同时有多种;

(4)溶液并不一定都是无色的,如 $CuSO_4$ 溶液为蓝色;

(5)均一、稳定的液体并不一定都是溶液,如水;

(6)溶液不一定都是液态的,如空气。

考霸笔记:

　　若是由两种液体组成的溶液,一般习惯把量多的作为溶剂,量少的作为溶质;其他物质与水形成溶液时,无论水量多少,水都是溶剂。

考霸笔记：

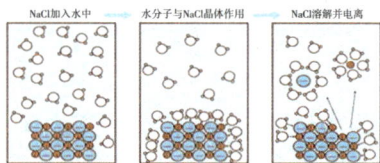

| NaCl加入水中 → | 水分子与NaCl晶体作用 | NaCl溶解并电离 |

氯化钠溶液形成的微观过程

　　溶质分子(或离子)在溶剂分子的作用下扩散到溶剂中的过程,溶质在溶液中以分子或离子的形式均一分散在溶剂中。

　　溶液质量＝溶剂质量＋溶质质量

　　溶液的体积≠溶质的体积＋溶剂的体积

2.组成

(1)溶质:被溶解的物质。

　　溶质可以是固体(氯化钠、硝酸钾等)、液体(酒精、硫酸等)或气体(氯化氢、二氧化碳等)。

(2)溶剂:起溶解作用的物质。

　　水是最常用的溶剂,汽油、酒精等也可以作为溶剂,如汽油能够溶解油脂,酒精能够溶解碘等。

(3)示例

举例	溶液	溶质	溶剂
	生理盐水	氯化钠	水
	碘酒	碘	酒精
	澄清石灰水	氢氧化钙	水
	医用酒精	酒精	水
	锌与稀硫酸恰好完全反应后形成的溶液	硫酸锌	水

3.特征

(1)均一性:溶液中各部分的性质都一样;

(2)稳定性:外界条件不变时,溶液长时间放置不会分层,也不会析出固体溶质。

4.溶液的性质

性质	应用
沸点升高	溶液的沸点比水高,这就是被菜汤烫伤比被开水烫伤厉害的原因;在高山上可以用盐水将鸡蛋煮熟
凝固点降低	溶液的凝固点比水低,如冬天下雪后,在路面撒盐,不容易结冰;汽车的水箱里加入少量的乙二醇化合物,防止水箱里的水结冰
有的溶液能导电	溶质以离子形式存在的溶液能导电,如氯化钠溶液;以分子形式存在的溶液不能导电,如酒精溶液。电解水时,为了增强水的导电性,可在水中加入少量稀硫酸或氢氧化钠溶液

核心考点 2　溶解时的吸热或放热现象

实验步骤	在三只烧杯中各倒入 50 mL 水,用温度计测量溶解前水的温度。分别加入 2 药匙硝酸铵、氯化钠、氢氧化钠,搅拌,至固体全部溶解,再测量温度

考霸笔记:

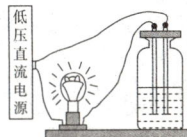

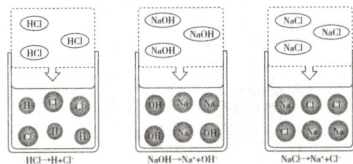

酸、碱、盐溶液导电的原因:

　　酸、碱、盐溶于水,在水分子作用下,电离成自由移动的带正(或负)电的阳(或阴)离子(如上图所示)。因此酸、碱、盐的水溶液都能导电,导电的原因是溶液中存在自由移动的离子,而蒸馏水和乙醇中不存在自由移动的离子。

　　注:溶液中阴离子所带的电荷数等于阳离子所带的电荷数,且电性相反,所以溶液呈电中性。

考霸笔记:

实验装置

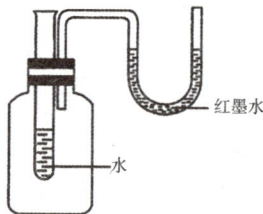

替换装置

(1)加入硝酸铵固体,会使 U 型管内液体高度左高右低;

(2)加入氯化钠固体,不会使 U 型管内液体高度发生变化;

(3)加入氢氧化钠固体,会使 U 型管内液体高度左低右高。

原理:温度升高,压强增大;温度降低,压强减小。

现象	氯化钠溶于水后,溶液的温度基本不变;硝酸铵溶于水后,溶液的温度降低;氢氧化钠溶于水后,溶液的温度升高
结论	物质溶于水时,常常伴随着能量变化
原因分析	物质溶于水时,通常发生两个过程: (1)扩散过程:物质的分子或离子向水中扩散,此过程物质的分子或离子在水分子的作用下,克服分子或离子间的作用力扩散到水中,成为自由移动的分子或离子。此过程要吸收热量。(2)水合过程:已经扩散到水中的分子或离子与水分子作用,生成水合分子,这一过程要放出热量。 当扩散过程中吸收的热量大于水合过程中放出的热量时,溶液温度降低,如 NH_4NO_3 溶于水;当扩散过程中吸收的热量小于水合过程中放出的热量时,溶液温度升高,如 $NaOH$、浓 H_2SO_4 溶于水;当扩散过程中吸收的热量等于水合过程中放出的热量时,溶液温度不变,如 $NaCl$ 溶于水
应用	利用物质溶解时放出热量可以作热源;利用溶解吸热现象可以做制冷剂,如硝酸铵可用于制作冰袋给病人降温

核心考点 3　悬浊液与乳浊液

1.溶液、悬浊液与乳浊液的区别

混合物的类别	溶液	乳浊液	悬浊液
组成	溶质均匀地分散到溶剂中	小液滴分散到液体里	固体小颗粒分散到液体里
特征	均一、稳定,不分层	不均一、不稳定,静置分层	不均一、不稳定,静置分层
被分散物质的存在形式	分子或离子	很多分子或离子聚集成的液体小液滴	很多分子或离子聚集成的固体小颗粒
举例	氯化钠溶液(Na^+、Cl^- 存在于水分子中)	油与水的混合物(大量油分子聚集成的小液滴与水混合)	面粉与水的混合物(大量面粉分子聚集成小颗粒与水混合)
应用	在溶液中进行的化学反应比较快;食物的消化和吸收都在溶液中进行;医疗上用于注射	喷洒农药一般配制成乳浊液	医疗上不溶于水的药物配制成悬浊液来使用;粉刷墙壁时,把熟石灰粉配制成悬浊液使用

考霸笔记:

乳浊液
(可通过乳化作用清除)

悬浊液
(可用过滤法分离)

考霸笔记：

洗涤剂清洗油污——乳化作用。

2.探究乳化作用

试管内加入的物质	现象			把液体倒掉后试管是否干净
	振荡前	振荡后	静置后	
水和植物油	分层	浑浊	分层	不干净,附着油滴
水、植物油和洗涤剂	分层	浑浊	不分层	干净,无油滴附着
结论	加入洗涤剂后,形成的乳浊液较稳定,不再分层。这是因为洗洁精、洗衣粉等含表面活性剂,可以使食用油等物质以细小的液滴均匀地分散在水中,形成乳浊液。这种现象称为乳化。这些小液滴能随着水流走,因此试管内壁很干净			
应用	乳化作用广泛应用于医药、洗涤剂、化妆品以及食品加工业。生活中我们用到的各种洗涤剂,如洗洁精、洗发水、沐浴露等都含有乳化剂,能帮助除去污渍			

专题二十四　溶解度

核心考点 1　饱和溶液与不饱和溶液

	饱和溶液	不饱和溶液
概念	在一定温度下,向一定量溶剂里加入某种溶质,当溶质不能继续溶解时,所得到的溶液叫做这种溶质的饱和溶液	在一定温度下,向一定量溶剂里加入某种溶质,还能继续溶解的溶液,叫做这种溶质的不饱和溶液
转化	不饱和溶液 $\xrightarrow[\text{加入溶剂或升高温度}]{\text{加入溶质或蒸发溶剂或降低温度}}$ 饱和溶液	

考霸笔记:

浓溶液与稀溶液

浓溶液:在同量的溶液中,含溶质较多的溶液;

稀溶液:在同量的溶液中,含溶质较少的溶液。

饱和溶液不一定是浓溶液;不饱和溶液不一定是稀溶液。

相同溶质、相同温度下,饱和溶液一定比不饱和溶液浓。

续表

	饱和溶液	不饱和溶液
说明	(1)此转化条件适合于大多数溶解率随温度升高而增大的固体物质。如硝酸钾、氯化铵等。对于极少数溶解度随温度升高而减小的物质,如熟石灰,由不饱和溶液变为饱和溶液的方法是升高温度;反之,则需要降低温度。因此,使不饱和溶液变为饱和溶液最可靠的方法是增加溶质。(2)一种物质的饱和溶液对另一种物质来说可能是不饱和的。例如,在一定条件下不能再溶解食盐的溶液,可能还能溶解蔗糖,此时的溶液对于食盐来说是饱和溶液,对蔗糖来说就不是饱和溶液。(3)浓、稀溶液与饱和溶液、不饱和溶液不是一回事。溶液的浓、稀与一定量溶液里所含溶质的量有关;溶液的饱和、不饱和与一定条件下溶液里溶解物质的限度有关,这是从不同角度对溶液进行描述	

考霸笔记:

一定温度下,大多数物质在一定量溶剂中都能形成其饱和溶液,但酒精能与水以任意比例互溶,所以不能配成酒精的饱和溶液。

核心考点 2　固体溶解度

1.固体的溶解度

概念	固体物质的溶解度是指在一定温度下,某固态物质在 100 g 溶剂(通常溶剂为水)里达到饱和状态时所溶解的质量

续表

影响因素	固体的溶解度只受温度影响。大部分固体物质的溶解度随温度的升高而增大,如硝酸钾;少数固体物质的溶解度受温度的影响很小,如氯化钠;极少数固体物质的溶解度随温度的升高而减小,如氢氧化钙
说明	(1)理解溶解度概念要抓住四个要素:①条件:在一定温度下;②标准:在100 g的溶剂里;③状态:达到饱和状态;④量:质量,单位通常为克。 (2)根据20 ℃下物质的溶解度数值,对物质的溶解性进行划分: 难溶　　微溶　　可溶　　易溶 　　　0.01　　　1　　　10　溶解度/g
举例	对"20 ℃时,硝酸钾的溶解度为31.6 g"的解释哪个是正确的? A.20 ℃时,31.6 硝酸钾溶解在水中 B.20 ℃时,100 g溶液中含31.6 g硝酸钾 C.31.6 g硝酸钾溶解在100 g水中达到饱和状态 D.20 ℃时,31.6 g硝酸钾溶解在100 g水中恰好达到饱和状态 分析:理解溶解度的概念要抓住四个要素。A中未指明溶剂量100 g及饱和状态;B中是溶液为100 g,也未指明溶液达到饱和状态;C中未指明温度。因此A、B、C三个选项都是错误的。只有D项是正确的

考霸笔记:

比较不同物质溶解性的条件:

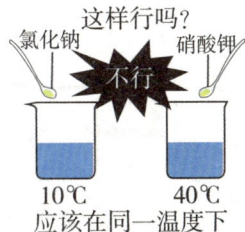

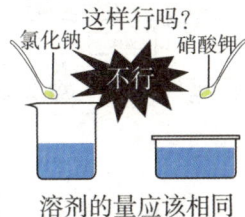

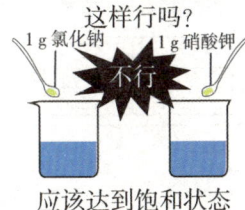

这样行吗?

氯化钠　　　硝酸钾

不行

10℃　　　40℃

应该在同一温度下

这样行吗?

氯化钠　　　硝酸钾

不行

溶剂的量应该相同

这样行吗?

1g氯化钠　　1g硝酸钾

不行

应该达到饱和状态

2.结晶

考霸笔记:

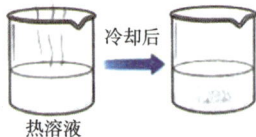

热溶液 → 冷却后

海水淡化
- 蒸馏法
  - 常用多级闪急蒸馏法
  - 实验探究
- 结晶法
- 膜法

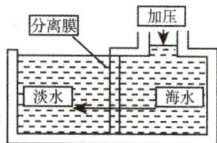

概念	溶质从溶液中以晶体的形式析出的过程叫结晶	
方法	蒸发结晶	适用于多数固体物质,特别适用于溶解度受温度变化影响不大的物质,如氯化钠
	降温结晶	适用于溶解度受温度变化影响较大的物质,如硝酸钾
应用	(1)海水晒盐: 海水晒盐用的是蒸发结晶法。其过程是:先将海水引入蒸发池,经风吹日晒蒸发水分到一定程度,再导入结晶池,继续风吹日晒就逐渐析出食盐来: 海水→贮水池→蒸发池→结晶池 { 粗盐 / 母液 (2)用结晶法分离混合物: 如果两种物质的溶解度受温度变化的影响差别较大,可以用结晶的方法进行分离。如硝酸钾中含有少量氯化钠,可先制得较高温度下的硝酸钾饱和溶液,再降温,此时,由于硝酸钾的溶解度减小,大部分硝酸钾结晶析出,而氯化钠不析出,过滤,可以得到较纯净的硝酸钾晶体。 在我国西北的盐湖,当地居民,有"冬天捞碱,夏天晒盐"的说法,就是因为纯碱(Na_2CO_3)的溶解度随温度变化较大,冬天降温,结晶析出,夏天温度较高不析出;而氯化钠的溶解度受温度影响较小,冬天不析出,而夏天温度较高,水分蒸发,结晶析出	

3.固体的溶解度曲线

(1)概念

在平面直角坐标系里用横坐标表示温度,纵坐标表示溶解度,画出某物质的溶解度随温度变化的曲线,叫这种物质的溶解度曲线。

(2)表示意义

①表示某物质在不同温度下的溶解度和溶解度随温度变化的情况;

②溶解度曲线上的每一个点表示该溶质在某一温度下的溶解度;

③两条曲线的交点表示这两种物质在某一相同温度下具有相同的溶解度;

④曲线下方的点表示溶液是不饱和溶液;

⑤在溶解度曲线上方靠近曲线的点表示过饱和溶液(一般物质在较高温度下制成饱和溶液,快速地降到室温,溶液中溶解的溶质的质量超过室温下的溶解度,但尚未析出晶体时的溶液叫过饱和溶液)。

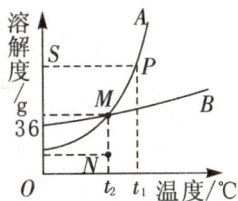

⑥示例:

图中 P 点的含义:t_1℃时,A 物质的溶解度为 S g。

t_1℃时,A 物质的溶解度大于 B 物质的溶解度。

M 点的含义是:在 t_2℃时,A、B 两物质的溶解度相等。

N 点表示在 t_2℃时,A、B 两物质的不饱和溶液。

考霸笔记:

运用溶解度曲线判断混合物分离、提纯的方法:

根据溶解度曲线受温度变化的影响,通过改变温度或蒸发溶剂,使溶质结晶析出,从而达到混合物分离、提纯的目的。如 KNO_3 和 $NaCl$ 的混合物的分离。(KNO_3、$NaCl$ 溶解度曲线如图)

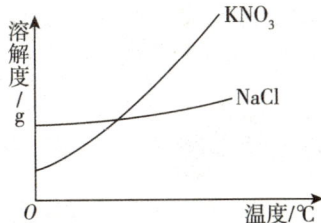

考霸笔记：

(1)温度变化对物质溶解度影响较大,要提纯这类物质。可采用降温结晶法。

具体的步骤为：①配制高温时的饱和溶液；②降温；③过滤；④干燥。如 KNO_3 中混有少量的 $NaCl$,提纯 KNO_3 可用此法。

(2)温度变化对物质溶解度影响较小,要提纯这类物质,可用蒸发溶剂法。

具体步骤为：①溶解；②蒸发溶剂；③趁热过滤；④干燥。如 $NaCl$ 中混有少量 KNO_3,要提纯 $NaCl$,可配制溶液,然后蒸发溶剂,$NaCl$ 结晶析出,而 KNO_3 在较高温度下,还没有达到饱和,不会结晶,趁热过滤,可得到较纯净的 $NaCl$。

(3)溶解度曲线的变化规律

①有些固体物质的溶解度受温度影响较大,表现在曲线"坡度"比较"陡",如 KNO_3；

②少数固体物质的溶解度受温度的影响很小,表现在曲线"坡度"比较"平",如 $NaCl$。

③极少数固体物质的溶解度随温度的升高而减小,表现在曲线"坡度"下降,如 $Ca(OH)_2$

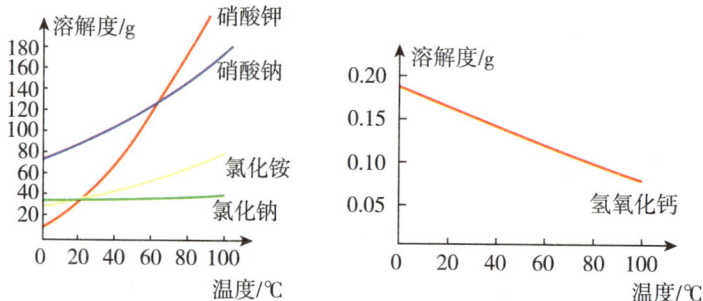

几种固体物质的溶解度曲线图

(4)应用

①根据溶解曲线可以查出某物质在一定温度下的溶解度；

②可以比较不同物质在同一温度下的溶解度大小；

③可以知道某物质的溶解度随温度的变化情况；

④可以选择对混合物进行分离或提纯的方法；
⑤确定如何制得某温度时某物质的饱和溶液的方法等。

核心考点 3　气体溶解度

概念	气体的溶解度是指在压强为 101 kPa 和一定温度时,在 1 体积水里溶解达到饱和状态时的气体体积
影响因素	气体在水中的溶解度不仅跟气体的性质有关,还跟压强和温度有关。气体的溶解度随着压强的增大而增大,随温度的升高而减小
举例	(1)打开汽水瓶,汽水会自动喷出来: 这是因为打开汽水瓶,压强减小,说明气体的溶解度随压强的减小而减小。 (2)喝了汽水,常常会打嗝: 这是因为体内的温度较高,气体溶解度减小而逸出,说明气体的溶解度随温度升高而减小。 (3)夏天的傍晚,池塘中的鱼儿常常要跳出水面呼吸: 这是因为经过一天的高温,池塘中溶解的氧气减少,鱼缺氧,于是跳出水面呼吸。 (4)凉开水不易养鱼: 这是因为水在烧开的过程中,由于温度升高,溶解在水中的氧气逸出,水中缺少氧气,鱼无法呼吸,故凉开水不易养鱼。 (5)用自来水浇花,最好先晒一下: 因为自来水一般用氯气消毒,水中残留的氯气会对花造成伤害。自来水晒过后,氯气的溶解度减小,溶解的氯气从水中逸出

考霸笔记:

气体溶解度随压强的减少而减少
气体溶解度随温度的升高而减少

专题二十五 溶液的浓度

核心考点 **1** 溶质质量分数

1.公式

考霸笔记：

含义：溶质质量分数的含义是指每100份质量的溶液中含有溶质的质份为多少。如 100 g 10％的 NaCl 溶液中含有 10 g NaCl。不要误认为是 100 g 水中含有 10 g NaCl。

概念	溶液中溶质的质量分数是溶质质量与溶液质量之比
表达式	溶质质量分数 $=\dfrac{溶质质量}{溶液质量}\times 100\%$ 溶液质量＝溶质质量＋溶剂质量
公式变换	溶液的质量＝溶质质量÷溶质质量分数 溶质质量＝溶液质量×溶质质量分数
说明	(1)若已知溶液的体积时，要根据 $m=\rho\times V$ 换算成质量，才能代入上面的公式；(2)溶质的质量是指形成溶液的那部分溶质，没有进入溶液的溶质不在考虑范围之内

2.注意事项

(1)溶质的质量是指形成溶液的那部分溶质,没有进入溶液的溶质不在考虑范围之内。如在 20 ℃时,100 g 水中最多能溶解 36 gNaCl,则在 20℃下,20 gNaCl 放入 50 g 水中溶解后,溶质的质量只能是 18 g。

(2)溶液的质量是该溶液中溶解的全部溶质的质量与溶剂的质量之和(可以是一种或几种溶质)。

(3)计算时质量单位应统一。

(4)由于溶液的组成是指溶液中各成分在质量方面的关系,因此,某物质的质量分数只有在不超过其最大溶解范围时才有意义。

例如,在 20 ℃时,NaCl 溶液中溶质的质量分数最大为 26.5%,为该温度下氯化钠的饱和溶液,再向溶液中加入溶质也不会再溶解,浓度也不会再增大。因此离开实际去讨论溶质质量分数更大的 NaCl 溶液是没有意义的。

(5)运用溶质质量分数表示溶液时,必须分清溶质的质量、溶剂的质量和溶液的质量。

考霸笔记:

溶质质量分数的不变规律:

(1)从一瓶溶液中不论取出多少溶液,取出的溶液及剩余溶液的溶质质量分数与原来溶液溶质质量分数相同。

(2)溶质、溶质质量分数均相同的两种溶液混合,所得溶液的质量分数保持不变。

(3)一定温度时,向某饱和溶液中加入该溶质,所得溶液的溶质质量分数保持不变。

(4)一定温度时,对某饱和溶液恒温蒸发溶剂,所得溶液的溶质质量分数保持不变。

(5)对于溶解度随温度升高而增大的物质来说,将其饱和溶液(底部没有固体时)升高温度,所得溶液的溶质质量分数保持不变。而对于溶解度随温度升高而减小的物质(熟石灰)来说,降低温度,所得溶液的溶质质量分数保持不变。

3.特殊溶液溶质质量分数的计算

考霸笔记：

硫酸铜

NaOH
2 mol/L

特殊溶质	溶质质量分数的计算方法
(1)物质含有结晶水	含有结晶水的物质,如 $CuSO_4 \cdot 5H_2O$(俗名胆矾或蓝矾)等,这类物质溶于水后,结晶水作了溶剂。$CuSO_4 \cdot 5H_2O$ 溶于水后溶质是 $CuSO_4$。如一定温度下,将 25 g 胆矾溶于 75 g 水中,所得溶液的质量为 25 g+75 g=100 g,而溶质的质量为:$25 \text{ g} \times \dfrac{160}{250} = 16 \text{ g}$,所得溶液的溶质质量分数为:$\dfrac{16 \text{ g}}{100 \text{ g}} \times 100\% = 16\%$
(2)物质与水反应	如果一种物质放入水中能够与水反应,则形成的溶液中的溶质是反应后的物质,如 Na_2O、CaO、SO_3 等。如 Na_2O 与水反应的化学方程式为:$Na_2O + H_2O \xlongequal{} 2NaOH$,则所得溶液的溶质是 $NaOH$。 如,将 6.2 g Na_2O 完全溶于 93.8 g 水中,所得溶液的溶质质量分数不是 $\dfrac{6.2 \text{ g}}{6.2 \text{ g}+93.8 \text{ g}} \times 100\% = 6.2\%$,而是 $\dfrac{8.0 \text{ g}}{6.2 \text{ g}+93.8 \text{ g}} \times 100\% = 8\%$。因为根据化学方程式可以计算出 6.2 g Na_2O 与水反应生成 8.0 g $NaOH$,这 8.0 g$NaOH$ 是溶液中的溶质。 注意:这种情况还要注意生成的物质是否全部溶解在水中。如 CaO 与水反应得到石灰水的溶质质量分数就不能这样计算了,因为氢氧化钙是微溶的,生成的氢氧化钙不能完全溶解

续表

特殊溶质	溶质质量分数的计算方法
(3)物质与水反应生成气体的	如果物质与水反应后有气体生成,则除了考虑所得溶液中的溶质是生成物外,还要考虑反应后溶液的质量。如将金属钠放入水中发生反应:$2Na+2H_2O\!=\!\!=\!\!2NaOH+H_2\uparrow$。若将 4.6 g 钠放入 95.4 g 水中,充分反应后,金属钠消失,则反应后所得溶液中的溶质是 NaOH,根据化学方程式可以求出生成 NaOH 的质量为 8.0 g,生成氢气的质量为 0.2 g,则反应后所得溶液的质量不是 4.6 g+95.4 g=100 g,而是 4.6 g+95.4 g−0.2 g=98.8 g,则所得溶液的溶质质量分数为:$\dfrac{8.0\ g}{98.8\ g}\times100\%\approx8.02\%$
总结	在计算物质放入水中所得溶液的溶质质量分数时,除了要考虑溶质是否完全溶解外,还要考虑物质是否含有结晶水、是否与水反应、反应后是否有气体生成、如何计算反应后所得溶液的质量等。 一般来说,在初中化学计算中,如果没有特别说明,通常是物质不含结晶水,也不与水反应的情况,如硝酸钾、氯化钠溶于水等

4.溶解度与溶质质量分数的区别与联系

	溶解度	溶质质量分数
概念	一定温度下,某物质在 100 g 溶剂里达到饱和状态时所溶解的溶质的质量。	溶质质量与溶液质量之比

考霸笔记：

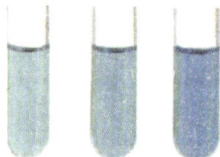

颜色：淡蓝　蓝色　深蓝

对于有色溶液,可以根据颜色深浅来判断溶液是浓还是稀,但是这种方法比较粗略,不能准确地表明一定量溶液里究竟含有多少溶质。

	溶解度	溶质质量分数
意义	准确描述物质的溶解能力	准确描述溶液的浓稀
温度要求	随温度而变,必须指明一定温度	与温度无关
溶剂量要求	100 g 溶剂	无要求
溶液状态	必须是饱和溶液	饱和、不饱和均可
单位	g	比值,单位是1,省略不写
计算公式	一定温度下的饱和溶液: $\dfrac{溶解度}{100\text{ g}}=\dfrac{溶质质量}{溶剂质量}$	溶质质量分数 $=\dfrac{溶质质量}{溶液质量}\times100\%$
相互关系	(1) 一定温度下,某物质饱和溶液的溶质质量分数 $=\dfrac{溶解度}{溶解度+100\text{ g}}\times100\%$。 (2)一定温度下,物质的溶解度越大,其饱和溶液的溶质质量分数越大。 (3)两种物质的溶解度曲线的交点表示该温度下,两物质的溶解度相等,且饱和溶液的溶质质量分数也相等	

核心考点 **2**　溶液的稀释与浓缩

	方法	计算依据	计算公式
溶液的稀释	①加水稀释 ②加稀溶液稀释	①加水稀释前后,溶液中溶质的质量不变 ②用稀溶液稀释浓溶液时。稀溶液中溶质的质量与浓溶液中溶质的质量之和等于混合后溶液中溶质的质量	①加水稀释: $M_浓 \times \omega_浓\% = (M_浓 + M_水) \times \omega_稀\%$ ②加稀溶液稀释: $M_浓 \times \omega_浓\% + M_加 \times \omega_加\% = (M_浓 + M_加) \times \omega_稀\%$
溶液的浓缩	①添加溶质 ②蒸发溶剂 ③加入浓溶液	①原溶液中的溶质与后加入的溶质(可完全溶解)质量之和等于混合后溶液中的溶质质量 ②蒸发溶剂前后溶液中溶质的质量不变(没有溶质析出) ③原溶液中溶质的质量与后加入浓溶液中的溶质质量之和等于混合后溶液中的溶质质量	①添加溶质: $M_稀 \times \omega_稀\% + M_加 = (M_稀 + M_加) \times \omega_浓\%$ ②蒸发浓缩: $M_稀 \times \omega_稀\% = (M_稀 - M_水) \times \omega_浓\%$ ③加入浓溶液: $M_稀 \times \omega_稀\% + M_加 \times \omega_加\% = (M_稀 + M_加) \times \omega_浓\%$

考霸笔记:

(1)几种溶液混合,溶液的体积不能简单相加,即 $V_总 \neq V_A + V_B$

(2)混合后溶液的质量、溶质的质量可以相加,即 $M_总 = M_A + M_B$

(3)要求混合后溶液的总体积,必须依据公式 $V = M/\rho$,所以要知道混合溶液的密度才能求出总体积。

喷洒农药:药液太稀,不能杀死害虫和病菌;药液太浓又会毒害农作物或树木。

考霸笔记：

配置氯化钠溶液装置图

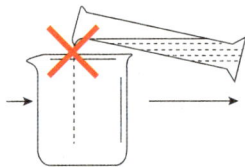

向烧杯中倒水时,量筒口一定要与烧

杯口紧靠且缓缓倒入。

核心考点 **3**　　**固体溶液的配制**

1.仪器

托盘天平、量筒、烧杯、玻璃棒、药匙、胶头滴管。

2.步骤

(1)计算:按配制需要求出所需溶质和溶剂的量。

(2)称量:用天平称出固体的质量。

(3)量取:用量筒量取液体的体积。

(4)溶解:将溶质和溶剂在烧杯中混合,搅拌至充分溶解即可。

(5)装瓶保存:将配好的溶液装入试剂瓶,并贴好标签。

3.误差分析

(1)所配溶液的溶质质量分数偏大:

①溶质质量偏大:称量固体溶质质量偏多。

②溶剂质量偏小:用量筒量取液体溶剂时,读数时俯视液面;或液体溶剂量好后,向烧杯中倾倒时有液体洒落。

(2)所配溶液的溶质质量分数偏小:

①溶质质量偏小:称量固体溶质质量偏小;所用固体溶质不纯、不干燥或已潮解;称量时"左码右物"并使用游码。

②溶剂质量偏大:量取液体溶剂时仰视读数;烧杯内有残留的液体。

专题二十六　常见的酸和碱

核心考点 **1** 酸碱指示剂

1.定义

跟酸或碱的溶液起作用而显示不同颜色的物质,叫酸碱指示剂,通常也简称指示剂。

2.常见酸碱指示剂

紫色石蕊溶液、无色酚酞溶液。

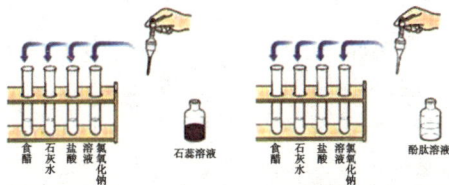

食醋　石灰水　盐酸　氢氧化钠溶液　石蕊溶液

食醋　石灰水　盐酸　氢氧化钠溶液　酚酞溶液

考霸笔记:

罗伯特·波义耳（Robert Boyle）
1627—1691

"紫罗兰的启示"

英国科学家波义耳从紫罗兰的变色现象中,发现了酸碱指示剂。

考霸笔记：

①变色的是指示剂，而不是酸或碱的溶液。如盐酸使紫色石蕊试液变红，不能说成紫色石蕊试液使盐酸变红，但可以说紫色石蕊试液遇盐酸变红。

②酸或碱的溶液能使紫色石蕊试液或无色酚酞试液变色，但能使紫色石蕊试液或无色酚酞试液变色的不一定是酸或碱的溶液，还可能是酸性盐溶液或碱性盐溶液。如碳酸钠溶液能使紫色石蕊试液变蓝，但碳酸钠不是碱，而是盐。

3.酸碱指示剂与溶液作用时的颜色变化

	加入紫色石蕊溶液后的颜色变化	加入无色酚酞溶液后的颜色变化
食醋	变红色	不变色
石灰水	变蓝色	变红色
盐酸	变红色	不变色
氢氧化钠	变蓝色	变红色

4.酸碱指示剂的代用品

在自然界里，有许多植物色素在不同的酸碱性溶液中都会发生特定的颜色变化。这些植物色素可以用作石蕊和酚酞等指示剂的代用品。一些植物的色素及其在酸碱性溶液中的颜色变化如下：

	在酸性溶液中	在中性溶液中	在碱性溶液中
牵牛花	红色	紫色	蓝色
苏木	黄色	红棕色	玫瑰红色
紫萝卜皮	红色	紫色	黄绿色
月季花	浅红色	红色	黄色
美人蕉	淡红色	红色	绿色

考霸笔记：

自制酸碱指示剂的过程：

1.收集不同颜色的新鲜花瓣或果实，各取适量，研碎，加入适量水和酒精（两者体积比为 1∶1），浸泡，过滤，得到植物色素提取液。

2.将提取液分别装入小试剂瓶中备用。

3.将上述植物色素提取液分别滴入白醋、蒸馏水、澄清石灰水中，观察颜色的变化，并记录。

4.选择颜色变化明显的植物色素提取液作为酸碱指示剂。

核心考点 2　常见的酸

1.定义

化学上是指在溶液中电离时阳离子完全是氢离子的化合物。

生活中含有酸的物质

考霸笔记：

一般花瓣内通常含有两种色素。这些色素在不同的温度、不同的酸碱环境下，呈现出不同的颜色。另外，不同的花，花瓣中两种色素的含量不同；同一种花，在开放的不同时期，花瓣中两种色素的含量不同，因此会呈现"百花盛开，姹紫嫣红"的美丽景观。

2.浓盐酸和浓硫酸的物理性质和用途

考霸笔记：

浓盐酸有刺鼻气味。

浓硫酸做气体干燥剂时，气体一定从长管通入，从短管导出——"长进短出"。

	浓盐酸	浓硫酸
颜色、状态	无色、液体	无色、液体
打开试剂瓶看到的现象	白雾（挥发性）	无现象
气味	刺激性气味	无味
密度	常用浓盐酸(37%～38%) 1.19 g/cm³	常用浓硫酸(98%) 1.84 g/cm³
用途	重要的化工原料，用于金属表面除锈、制造药物等；人的胃液中含有少量盐酸，可以帮助消化	重要的化工原料，用于生产化肥、农药、火药、燃料以及冶炼金属、精炼石油和金属除锈等；浓硫酸有吸水性，在实验室中常用它作干燥剂
说明		(1)打开浓盐酸的瓶盖，看到瓶口冒出的"白雾"是浓盐酸挥发出的 HCl 气体结合了空气中的水蒸气，在瓶口形成的盐酸小液滴，不能说成"白烟"，因为"烟"是固体小颗粒形成的。浓硫酸没有挥发性，故打开瓶盖无现象。 (2)浓硫酸和浓盐酸在空气中敞口放置，都会变稀，但原因不一样：浓硫酸变稀，是因为吸水性，溶剂增加，溶质不变；浓盐酸变稀是因为挥发性，溶质减少，溶剂不变。因此，浓盐酸和浓硫酸都要密封保存

3.浓硫酸的特性

特性	应用	
吸水性	化学实验中作干燥剂,装置如图所示:	
腐蚀性	用玻璃棒蘸浓硫酸在纸上写字	纸上出现黑色字迹
	用小木条蘸少量浓硫酸	蘸有硫酸的部位变黑
	将浓硫酸滴到一小块布上	滴有浓硫酸的部位变黑甚至烧成洞
	稀释方法	稀释浓硫酸时,一定要将浓硫酸沿着烧杯壁慢慢倒入水中并不断搅拌,使产生的热量迅速散失
	使用注意事项	避免将浓硫酸沾到皮肤或衣服上,如果不慎将少量浓硫酸沾到皮肤或衣服上,应立即用大量水冲洗,然后再涂上3％—5％的碳酸氢钠溶液

考霸笔记:

浓硫酸稀释的错误操作:

　　水的密度较小,浮在浓硫酸上面,溶解时放出的热会使水立刻沸腾,使硫酸液滴向四周飞溅,这是非常危险的!

考霸笔记：

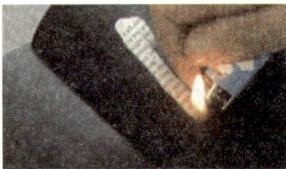

"火烤显字"的方法

用稀硫酸在纸上写好字，然后用酒精灯火焰(隔开一定距离)慢慢烘干，稀硫酸受热水分蒸发，变成浓硫酸，浓硫酸具有强烈的腐蚀性，能夺取纸张里的水分，生成黑色的炭，字迹即可显现。

4.酸的化学性质

(1)酸的通性

①跟指示剂反应:紫色石蕊试液遇酸变红色;无色酚酞试液遇酸不变色。

②跟活泼金属(金属活动性顺序表中在氢前的金属)发生置换反应:酸＋金属→盐＋氢气 。

③跟碱性氧化物反应:酸＋碱性氧化物→盐＋水。

④跟某些盐反应:酸＋盐→新酸＋新盐。

⑤跟可溶性碱发生中和反应:酸＋碱→盐＋水。

(2)盐酸和硫酸的化学性质

	盐酸	稀硫酸
使指示剂变色	使紫色石蕊变红色,无色酚酞不变色	

续表

	盐酸	稀硫酸
酸＋金属→盐＋氢气	$Fe + 2HCl = FeCl_2 + H_2\uparrow$ $2Al + 6HCl = 2AlCl_3 + 3H_2\uparrow$	$Fe + H_2SO_4 = FeSO_4 + H_2\uparrow$ $2Al + 3H_2SO_4 = Al_2(SO_4)_3 + 3H_2\uparrow$
酸＋金属氧化物→盐＋水	$Fe_2O_3 + 6HCl = 2FeCl_3 + 3H_2O$ $CuO + 2HCl = CuCl_2 + H_2O$	$Fe_2O_3 + 3H_2SO_4 = Fe_2(SO_4)_3 + 3H_2O$ $CuO + H_2SO_4 = CuSO_4 + H_2O$
酸＋碱→盐＋水	$HCl + NaOH = NaCl + H_2O$ $2HCl + Cu(OH)_2 = CuCl_2 + 2H_2O$	$H_2SO_4 + 2NaOH = Na_2SO_4 + 2H_2O$ $H_2SO_4 + Cu(OH)_2 = CuSO_4 + 2H_2O$
酸＋盐→新酸＋新盐	$Na_2CO_3 + 2HCl = 2NaCl + H_2O + CO_2\uparrow$ $HCl + AgNO_3 = AgCl\downarrow + HNO_3$	$Na_2CO_3 + H_2SO_4 = Na_2SO_4 + H_2O + CO_2\uparrow$ $H_2SO_4 + BaCl_2 = BaSO_4\downarrow + 2HCl$

考霸笔记:

胃酸

在人的胃液里,HCl的溶质质量分数为$0.45\%\sim0.6\%$,胃酸是由胃底腺的壁细胞分泌的。它具有以下功能:

(1)促进胃蛋白酶的催化作用,使蛋白质在人体内容易被消化,吸收;(2)使二糖类物质如蔗糖、麦芽糖水解;(3)杀菌。

续表

	盐酸	稀硫酸
总结	不同的酸溶液中含有相同的 H^+,所以酸有一些相似的化学性质	
注意	(1)利用酸除铁锈时,注意不能将铁器长时间放在酸里浸泡,因为铁锈除去后,铁也会与酸反应。 (2)酸的性质中有两条"生气"的反应: 酸＋活泼金属 $\longrightarrow H_2\uparrow$;酸＋碳酸盐 $\longrightarrow CO_2\uparrow$	

考霸笔记:

生活中的碱

皮蛋,肥皂、洗衣粉等洗涤剂有滑腻感和涩味,这些物质中含有另一类特殊的化合物叫碱。

常见的碱:氢氧化钠、氢氧化钙。除这两种碱外,常见的碱还有氢氧化钾(KOH)、氨水($NH_3 \cdot H_2O$)、治疗胃酸过多的药物中的氢氧化铝 $Al(OH)_3$。

核心考点 3   常见的碱

1.定义

碱是指在溶液中电离成的阴离子全部是 OH^- 的化合物。碱由金属离子(或铵根离子)和氢氧根离子构成,可用通式 $R(OH)_n$ 表示。从元素组成来看,碱一定含有氢元素和氧元素。

2.氢氧化钠和氢氧化钙的物理性质和用途

	氢氧化钠	氢氧化钙
俗名	火碱、烧碱、苛性钠	熟石灰或消石灰

续表

	氢氧化钠	氢氧化钙
物理性质	白色固体,易溶于水,溶于水放出大量的热;固体氢氧化钠容易吸收空气中的水分而潮解	白色粉末状固体,微溶于水,水溶液叫石灰水
腐蚀性	很强	较强
用途	是一种重要的化工原料,广泛用于制取肥皂和石油、造纸、纺织、印染等工业。在生活中也用来除去油污,如炉具清洁剂中就含有氢氧化钠。化学实验中可用作干燥剂	工业上用于制取烧碱、漂白粉,处理工业废水,锅炉烟气脱硫等;农业上常用于降低土壤酸性,制取波尔多液、石硫合剂,牲畜圈栏或树木消毒等;建筑业上用于砌砖、抹墙等;实验室里用澄清石灰水检验二氧化碳气体
说明	(1)氢氧化钙是由氧化钙与水反应制得的:$CaO + H_2O \xlongequal{\ \ \ } Ca(OH)_2$;因为氧化钙易与水反应,故可以作干燥剂。 (2)浓硫酸、氢氧化钠、氧化钙都可以作干燥剂,但原理不同。浓硫酸与氢氧化钠作干燥剂发生的是物理变化,氧化钙发生的是化学变化。在选择干燥剂时,被干燥的气体不能与干燥剂发生反应。如不能用氢氧化钠干燥二氧化碳、二氧化硫气体	

考霸笔记:

固体氢氧化钠必须密封保存,一是固体氢氧化钠易吸收水分而发生潮解,二是氢氧化钠会与空气中的二氧化碳发生反应而变质。称量固体氢氧化钠时要放在表面皿或小烧杯中,不能放在纸上,防止固体氢氧化钠潮解后腐蚀天平的托盘。

氢氧化钠溶液可以腐蚀玻璃,盛氢氧化钠溶液的试剂瓶不能用磨口的玻璃塞,只能用橡胶塞。

3.碱的化学性质

(1)碱的通性

①跟指示剂反应:碱溶液能使紫色石蕊试液变蓝;无色酚酞试液变红。

②跟非金属氧化物反应:碱+非金属氧化物→盐+水。

③跟酸发生中和反应:碱+酸→盐+水。

④跟某些盐反应:碱+盐→新碱+新盐。

(2)氢氧化钠和氢氧化钙的化学性质

	氢氧化钠	氢氧化钙
指示剂变色	使紫色石蕊变蓝色,无色酚酞变红色	
碱+非金属氧化物→盐+水	$2NaOH+CO_2 \stackrel{}{=\!=\!=} Na_2CO_3+H_2O$ $2NaOH+SO_2 \stackrel{}{=\!=\!=} Na_2SO_3+H_2O$	$Ca(OH)_2+CO_2 \stackrel{}{=\!=\!=} CaCO_3\downarrow+H_2O$ $Ca(OH)_2+SO_2 \stackrel{}{=\!=\!=} CaSO_3\downarrow+H_2O$
碱+盐→新碱+新盐	$2NaOH+CuSO_4 \stackrel{}{=\!=\!=} Cu(OH)_2\downarrow+Na_2SO_4$ 蓝色 $3NaOH+FeCl_3 \stackrel{}{=\!=\!=} Fe(OH)_3\downarrow+3NaCl$ 红褐色	$Ca(OH)_2+CuSO_4 \stackrel{}{=\!=\!=} Cu(OH)_2\downarrow+CaSO_4$ $3Ca(OH)_2+2FeCl_3 \stackrel{}{=\!=\!=} 2Fe(OH)_3\downarrow+3CaCl_2$

续表

	氢氧化钠	氢氧化钙
碱＋酸 →盐＋水	$HCl + NaOH == NaCl + H_2O$	$H_2SO_4 + Cu(OH)_2 ==$ $CuSO_4 + 2H_2O$
应用	(1)利用碱溶液遇到 Cu^{2+} 生成蓝色沉淀或遇到 Fe^{3+} 生成红褐色沉淀的性质,检验溶液中是否含有 OH^-。 (2)由于氢氧化钠固体易吸收空气中的水分而潮解,也易吸收空气中的二氧化碳而变质,故要密封保存。氢氧化钙要现用现制,否则也容易与二氧化碳反应变质为碳酸钙。利用碱的这一性质,工业上或化学实验中用碱溶液吸收 SO_2 或 CO_2	

考霸笔记:

氢氧化钠和氢氧化钙的鉴别:

NaOH 与 $Ca(OH)_2$ 的水溶液都能使酚酞变红,故鉴别 NaOH 和 $Ca(OH)_2$ 不能用指示剂,通常情况下,可采用以下两种方法来鉴别 NaOH 和 $Ca(OH)_2$

方法一:通入 CO_2 气体,NaOH 溶液与 CO_2 气体反应后无明显现象,但 $Ca(OH)_2$ 溶液即澄清石灰水与 CO_2 反应生成白色沉淀。

方法二:滴加 Na_2CO_3 溶液或 K_2CO_3 溶液,NaOH 溶液与 K_2CO_3、Na_2CO_3 溶液不反应,但 $Ca(OH)_2$ 溶液与 Na_2CO_3、K_2CO_3 溶液反应均生成白色沉淀。$Ca(OH)_2 + Na_2CO_3 == CaCO_3\downarrow +2NaOH,Ca(OH)_2 + K_2CO_3 == Ca_2CO_3\downarrow +2KOH$。

氢氧化钠与二氧化碳反应虽无明显现象,但可通过某些实验,证明其反应:

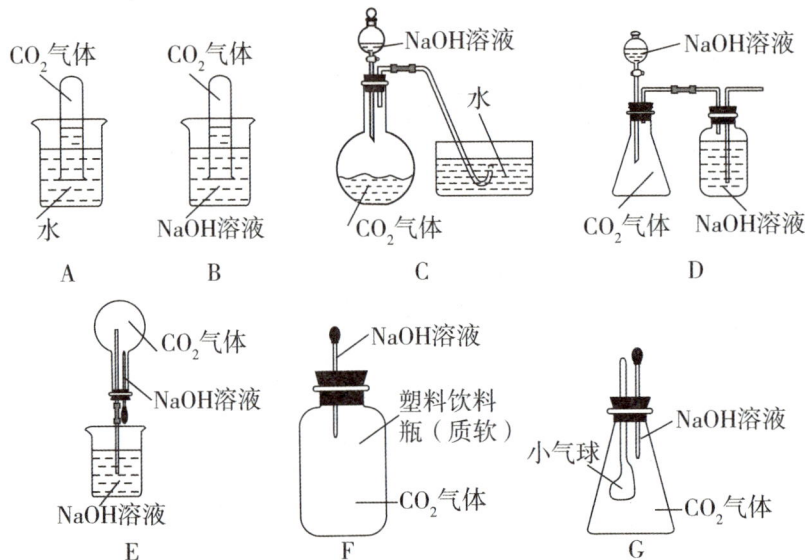

A:将充满二氧化碳的试管倒扣在水中——试管内的液面略有上升；

B:将充满二氧化碳的试管倒扣在氢氧化钠溶液中——试管内的液面明显上升；

C:将氢氧化钠溶液滴入烧瓶——水槽中的水倒吸入烧瓶内；

D:将氢氧化钠溶液滴入锥形瓶/集气瓶中——NaOH溶液中的长导管下端产生气泡；

E:将胶头滴管中氢氧化钠溶液挤入烧瓶——烧瓶内产生"喷泉"现象；

F:将胶头滴管中的氢氧化钠溶液挤入软塑料瓶——塑料瓶变瘪；

G:将胶头滴管中的氢氧化钠溶液挤入锥形瓶中——小气球胀大。

核心考点 4 酸和碱的组成

酸	在水溶液中电离出的阳离子全部是氢离子（H^+）的化合物。其结构一般为"H_nX"，"X"代表酸根	物质名称	酸根	酸根化合价
		HCl	Cl^-	-1
		H_2SO_4	SO_4^{2-}	-2
		HNO_3	NO_3^-	-1
		H_2CO_3	CO_3^{2-}	-2
		H_3PO_4	PO_4^{3-}	-3
	总结	酸中所含的 H^+ 的个数等于酸根化合价的绝对值		
碱	在水溶液中电离出的阴离子全部是氢氧根离子（OH^-）的化合物。其结构一般为"$R(OH)_n$"，"R"代表金属元素（或铵根离子）	物质名称	金属离子	金属元素化合价
		NaOH	Na^+	$+1$
		KOH	K^+	$+1$
		$Ca(OH)_2$	Ca^{2+}	$+2$
		$Cu(OH)_2$	Cu^{2+}	$+2$
		$Fe(OH)_3$	Fe^{3+}	$+3$
	总结	碱中所含的 OH^- 的个数等于金属离子化合价的绝对值		

考霸笔记：

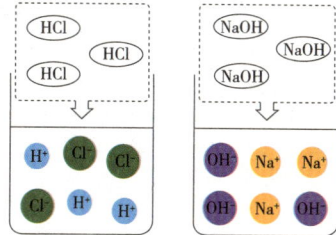

酸、碱溶液均具有导电性，是因为溶液中存在大量能够自由移动的正、负离子。

181

专题二十七　酸和碱的中和反应

核心考点 *1*　中和反应

考霸笔记：

　　中和反应是放热反应，可以将此作为判断中和反应是否发生的依据。

　　酸和碱恰好完全反应，反应后的溶液呈中性。

　　酸过量，碱不足，反应后的溶液呈酸性。

　　酸不足，碱过量，反应后的溶液呈碱性。

1.定义

酸跟碱作用生成盐和水的反应，叫做中和反应，属于复分解反应的一种。

2.实质

酸中的氢离子与碱中的氢氧根离子作用生成水的过程。

3.通式

酸＋碱→盐＋水

4.概念的理解

(1)反应物必须是酸和碱，生成物必须是盐和水；

(2)生成"盐和水"的反应不一定是中和反应。

5.探究中和反应实验

（1）实验步骤：在烧杯中加入 10 mL 氢氧化钠溶液,滴入几滴酚酞溶液,再用滴管慢慢滴入稀盐酸,并不断搅拌,至颜色恰好变成无色为止。

（2）实验现象：溶液中红色逐渐变浅,最后完全变为无色。

（3）原因分析：向氢氧化钠溶液中加入酚酞溶液,溶液变红,再滴加盐酸,溶液颜色由红色变为无色,说明溶液的碱性消失,证明两者发生了反应：$HCl + NaOH == NaCl + H_2O$。

（4）微观解释：酸中的 H^+ 和碱中的 OH^- 恰好完全反应生成水,$H^+ + OH^- == H_2O$。

考霸笔记：

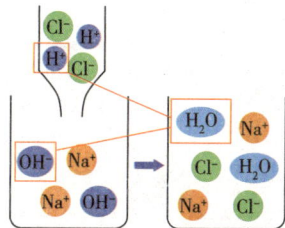

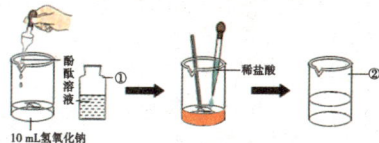

核心考点 2　中和反应的应用

农业	改变土壤的酸碱性。有机物分解产生的有机酸、土壤风化产生的酸性物质以及空气污染造成的酸雨等,都可以使土壤呈酸性,不利于作物的生长。这时,在土壤中使用适量的碱,如熟石灰,可以中和土壤中的酸,使土壤接近中性,从而利于作物的生长
工业	处理工厂的废水。工厂的废水常显酸性或碱性,若直接排放会造成水污染,所以需处理后才能排放。碱性污水需用酸来中和,酸性污水需用碱来中和。如硫酸厂的污水中常含有硫酸等酸性物质,可以用熟石灰进行中和

续表

医疗	治疗胃酸过多。人的胃液因含有盐酸而呈酸性,有助于食物消化。但如果胃酸过多,超出正常范围,会很痛苦,需服用碱性药物如 $Mg(OH)_2$、$Al(OH)_3$ 等,使碱与胃酸发生中和反应以减少过多的胃酸
生活	被蚊虫叮咬后,由于这类昆虫的分泌物是酸性物质,会使我们感到又痛又痒。这时可以涂上稀氨水、肥皂水或牙膏等物质来消痛止痒,因为这类物质是碱性的,可中和昆虫分泌的酸
说明	(1)改良酸性土壤一般用氢氧化钙而不用氢氧化钠,因为氢氧化钠的腐蚀性太强且价格较高。 (2)治疗胃酸过多不能用熟石灰或烧碱,因为这两种物质腐蚀性太强。一般用无腐蚀性的碱如氢氧化镁、氢氧化铝或碳酸氢钠等。涂抹皮肤时不要用腐蚀性太强的氢氧化钠等溶液

核心考点 3　溶液酸碱度的表示方法—pH

1.溶液的酸碱度及其表示方法

(1)溶液的酸碱性:溶液呈酸性、碱性或中性,通常用指示剂来测定。

(2)溶液的酸碱度:指溶液酸碱性的强弱程度,即酸碱是定量表示溶液酸碱性强弱的一种方法,溶液的酸碱度通常用 pH 表示。

(3)pH 的范围:0—14。

考霸笔记:

治疗胃酸的碱性药有:$NaHCO_3$、$Al(OH)_3$、$Mg(OH)_2$。

原理:$3HCl+Al(OH)_3=AlCl_3+3H_2O$。

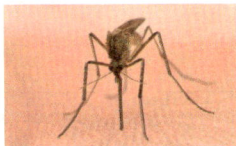

被蚂蚁、蚊子叮咬了,其分泌的酸性物质进入肌肉,使肌肉酸痛,涂上稀氨水或肥皂水可以止痛、消肿。

考霸笔记:

氢离子浓度指数是指溶液中氢离子的总数和总物质的量的比。它的数值俗称"pH 值"。

溶液酸碱度和 pH 值的关系（常温下）

溶液的 pH 值	溶液的酸碱度
<7	酸性溶液（pH 越小，酸性越强）
=7	中性溶液
>7	碱性溶液（pH 越大，碱性越大）

```
0  1  2  3  4  5  6  7  8  9  10  11  12  13  14
←─────────────────┼──────────────────────→
    酸性增强        中性        碱性增强
```

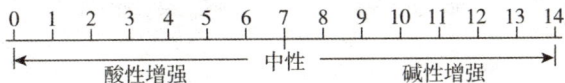

2.改变溶液 pH 的方法

　　溶液的 pH 实质是溶液中 H^+ 浓度或 OH^- 浓度大小的外在表现。改变溶液中 H^+ 浓度或 OH^- 浓度，溶液的 pH 就会发生改变。

　　（1）加水：只能改变溶液的酸碱度，不能改变溶液的酸碱性，即溶液的 pH 只能无限地接近于 7。

　　①向酸性溶液中加水，pH 由小变大并接近 7，但不会等于 7，更不会大于 7（如后图所示）。

　　②向碱性溶液中加水，pH 由大变小并接近于 7，但不会等于 7，更不会小于 7（如后图所示）。

　　（2）加酸碱性相同，但 pH 不同的溶液：原溶液酸碱性不会发生变化，但混合后溶液的 pH 介于两种溶液之间。

考霸笔记：

1.酸溶液与酸性溶液

　　酸溶液指酸的水溶液，即以酸作为溶质的溶液；酸性溶液指呈酸性（pH<7）的溶液。酸溶液一定呈酸性，但呈酸性的溶液不一定是酸溶液，如（NH_4）$_2SO_4$ 溶液，pH 也小于 7，呈酸性，但（NH_4）$_2SO_4$ 属于盐。

2.碱溶液与碱性溶液

　　碱溶液指碱的水溶液，即以碱作为溶质的溶液；碱性溶液指呈碱性（pH>7）的溶液。碱溶液一定呈碱性，但呈碱性的溶液不一定是碱溶液，如纯碱的溶液，pH 也大于 7，呈碱性，但纯碱属于盐。

3.盐是指由金属离子（或铵根离子）和酸根离子构成的化合物。

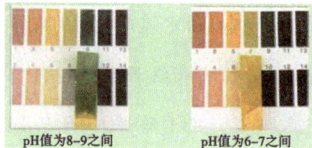

pH试纸比色卡

pH值为8-9之间　　pH值为6-7之间

pH试纸不能够显示出油份的pH,原因是pH试纸以氢铁制成并以氢铁来测定待测溶液的pH值,而油中不含氢铁。

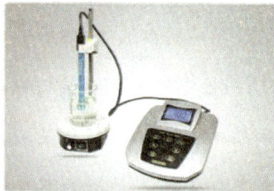

pH计是一种测定溶液pH值的仪器,它通过pH选择电极(如玻璃电极)来测定出溶液的pH。pH计可以精确到小数点后两位。

(3)加酸碱性相反的溶液:混合后发生中和反应,溶液的pH可能等于7,若加入的溶液过量,混合后溶液的酸碱性就会与原溶液相反(如下图所示)。

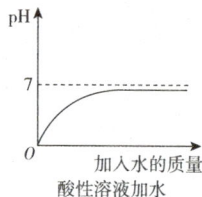

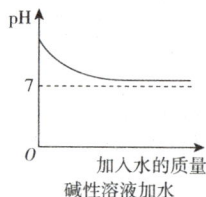

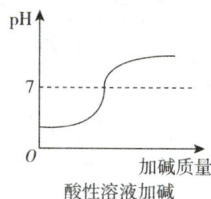

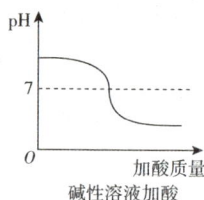

酸性溶液加水　　碱性溶液加水　　酸性溶液加碱　　碱性溶液加酸

3.pH的测定方法

测定溶液pH通常用pH试纸和pH计。

其中用pH试纸测定溶液pH的具体操作为:测定时,将pH试纸放在表面皿上,用干净的玻璃棒蘸取被测溶液并滴在pH试纸上,半分钟后把试纸显示的颜色与标准比色卡对照,读出溶液的pH,简记为:"一放、二蘸、三滴、四比"。

4.pH值测定时的注意事项:

(1)pH试纸不能用水湿润,否则测得的pH可能会不准确,测碱溶液会导致pH低于实际值,测酸溶液会导致pH高于实际值。

(2)不能直接将pH试纸浸入待测液中,因为用试纸直接蘸待测液会使待测液受到污染。

(3)用广泛pH试纸测得的pH数值一般为整数。

(4)显色时间不能太长,以半分钟内的变化为准。

(5)实验完毕后,应对使用的仪器进行洗涤后按正确的方法放置到原来的位置,试剂瓶应标签向外放在药品橱中,最后擦净实验桌面。

5.了解溶液的酸碱度的重要意义

(1)化工生产中许多反应必须在一定 pH 溶液里才能进行;

(2)在农业生产中,农作物一般适宜在 pH 为 7 或接近于 7 的土壤中生长;

(3)测定雨水的 pH(因溶解有二氧化碳,正常雨水的 pH 约为 5.6,酸雨的 pH 小于 5.6),可以了解空气的污染情况;

(4)测定人体内或排出的液体的 pH,可以了解人体的健康状况。

考霸笔记:

身边一些物质的 pH

考霸笔记：

人体中几种重要体液的正常 pH 范围

体液	血浆	唾液	胃液	胆汁	乳汁	尿液
pH	7.35—7.45	6.6—7.1	0.9—1.5	7.1—7.3	6.6—7.6	4.7—8.4

几种农作物最适宜生长的 pH 范围

作物	水稻、小麦、玉米	番茄、西瓜	棉花	大豆	甘蔗、桑树、苹果树	松树、烟草	柑橘树	茶树
pH	6.0—7.0	6.0—7.0	6.0—6.8	6.5—7.5	6.0—8.0	5.0—6.0	5.0—7.0	5.0—5.5

专题二十八　常见的盐

核心考点 **1**　盐及其分类

概念	由金属离子(或 NH_4^+)和酸根离子构成的化合物叫作盐
分类	(1)根据金属离子分类:金属离子是钾离子的,统称为钾盐,如 K_2SO_4、KNO_3、K_2CO_3、KCl 等;金属离子是钠离子的,统称为钠盐,如 Na_2SO_4、$NaNO_3$、Na_2CO_3、$NaCl$ 等;同样有钙盐、镁盐、铵盐(含 NH_4^+)等
	(2)根据酸根离子分类:酸根离子是硝酸根,统称为硝酸盐,如 KNO_3、$NaNO_3$、$Mg(NO_3)_2$、$Ca(NO_3)_2$ 等;同理,还有盐酸盐(含 Cl^-)、硫酸盐(含 SO_4^{2-})、碳酸盐(含 CO_3^{2-})等
	(3)根据盐的组成,可以将盐分为正盐、酸式盐和碱式盐 正盐:如 $NaCl$、$CaCO_3$、Na_2CO_3 等 酸式盐:如 $NaHCO_3$、$NaHSO_4$ 等 碱式盐:如 $Cu_2(OH)_2CO_3$ 等

考霸笔记:

　　食盐属于盐,但盐不是食盐,盐和食盐是包含关系。

续表

溶解性	记忆口诀： 钾、钠、铵盐、硝酸盐（全溶）， 其余都是溶不全， 盐酸盐不溶银和汞（AgCl 和 $HgCl_2$）， 硫酸盐不溶钡和铅（$BaSO_4$ 和 $PbSO_4$）， 碳酸盐只溶钾、钠、铵［K_2CO_3、Na_2CO_3、$(NH_4)_2CO_3$］
注意	有两种常见的重要沉淀一定要记住：AgCl 和 $BaSO_4$，这两种盐不但不溶于水，而且不溶于酸，这是它们区别于难溶性碳酸盐的特征。经常利用该性质来检验 Cl^- 和 SO_4^{2-}

核心考点 2   常见盐的性质和用途

	氯化钠	碳酸钠	碳酸氢钠
化学式	NaCl	Na_2CO_3	$NaHCO_3$
俗名	食盐	纯碱或苏打	小苏打

续表

	氯化钠	碳酸钠	碳酸氢钠
性质	白色固体,易溶于水,其水溶液呈中性	白色粉末,易溶于水,水溶液呈碱性	细小白色晶体,在水中的溶解度较小,不稳定,受热易分解为碳酸钠、二氧化碳和水: $2NaHCO_3 \xrightarrow{\text{高温}} Na_2CO_3 + H_2O + CO_2\uparrow$
用途	医疗上用氯化钠配制生理盐水;农业上用一定质量分数的氯化钠溶液来选种;工业上用氯化钠制取化工产品;生活上氯化钠是重要的调味品	广泛用于玻璃、造纸、纺织品和洗涤剂的生产	焙制糕点所用发酵粉的主要成分之一,也可以用于治疗胃酸过多

考霸笔记:

碳酸钠虽叫纯碱,但属于盐,可作为洗涤剂,用来去除油污。

碳酸氢钠俗称小苏打,常可作为膨松剂,用来焙制糕点、馒头等。

核心考点 3　粗盐提纯

考霸笔记:

粗盐

精盐

实验原理	将粗盐溶解,过滤除去不溶物,再将滤液蒸发结晶得到较纯净的氯化钠
实验用品	量筒、托盘天平、小烧杯、药匙、胶头滴管、玻璃棒、酒精灯、铁架台、蒸发皿、滤纸、漏斗
实验步骤	(1)溶解:将称量好的粗盐放入烧杯中加水溶解
	(2)过滤:制作好过滤器,将烧杯中浑浊的液体沿着玻璃棒慢慢倒入漏斗
	(3)蒸发:将滤液倒入蒸发皿中,用酒精灯加热,并不断用玻璃棒搅拌,当出现较多固体时停止加热,利用余热把食盐烘干
	(4)计算产率:用玻璃棒把固体转移到纸上,称量后倒入指定容器,计算产率
结论	通过溶解、过滤、蒸发等操作,可除去粗盐中的不溶性杂质

续表

说明	(1)过滤操作的要点是"一贴、二低、三靠"： 一贴：滤纸要紧贴在漏斗内壁上，中间不要留有气泡。 二低：液面低于滤纸边缘；滤纸边缘低于漏斗边缘。 三靠：玻璃棒要紧靠漏斗中三层滤纸处；盛混合液的烧杯口要紧靠在玻璃棒上；漏斗的末端要紧靠盛接滤液的烧杯内壁。 (2)粗盐提纯的各步骤中都用到玻璃棒，其作用依次是： ①溶解——搅拌，加速溶解；②过滤——引流，使液体沿玻璃棒流下；③蒸发——搅拌，防局部过热，造成液滴飞溅

核心考点 4　复分解反应

概念	两种化合物两两交换成分，生成另外两种化合物的反应，叫做复分解反应。可表示为：$AB+CD \longrightarrow AD+CB$
发生条件	两种化合物交换成分后，生成物中至少有沉淀、气体或水三者中的一种，复分解反应才能发生。对于碱和盐、盐和盐的反应，还必须是两种反应物都可溶

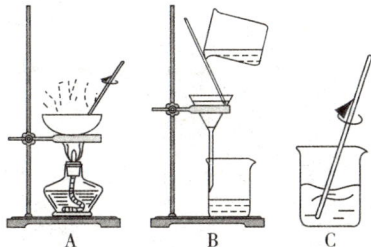

考霸笔记：

A——蒸发

B——过滤

C——溶解

续表

考霸笔记:

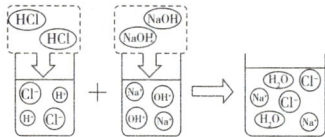

复分解反应的实质是离子之间相互结合,生成沉淀或气体或水的过程。

常见反应	(1)酸＋碱——→盐＋水(也叫中和反应) 如 $HCl + NaOH == NaCl + H_2O$ $H_2SO_4 + Cu(OH)_2 == CuSO_4 + 2H_2O$ (2)酸＋盐——→新酸＋新盐 如 $CaCO_3 + 2HCl == CaCl_2 + H_2O + CO_2\uparrow$ $HCl + AgNO_3 == AgCl\downarrow + HNO_3$ (3)碱＋盐——→新碱＋新盐 如 $2NaOH + CuSO_4 == Cu(OH)_2\downarrow + Na_2SO_4$ $Ca(OH)_2 + Na_2CO_3 == CaCO_3\downarrow + 2NaOH$ (4)盐＋盐——→两种新盐 如 $NaCl + AgNO_3 == AgCl\downarrow + NaNO_3$ $Na_2SO_4 + BaCl_2 == BaSO_4\downarrow + 2NaCl$

与置换反应的比较	相同点	反应物和生成物都是两种
	不同点	复分解反应的反应物和生成物都是两种化合物,反应前后无元素化合价变化;而置换反应的反应物和生成物是一种单质和一种化合物,反应前后一定有元素化合价变化

考霸笔记：

基本化学反应类型的比较

	化合反应	分解反应	置换反应	复分解反应
定义	由两种或两种以上的物质生成另一种物质的反应	由一种物质生成两种或两种以上其他物质的反应	由一种单质与一种化合物反应，生成另一种单质与另一种化合物的反应	由两种化合物互相交换成分生成另外两种化合物的反应
类型	$A+B \rightarrow AB$	$AB \rightarrow A+B$	$AB+C \rightarrow A+CB$	$AB+CD \rightarrow AD+CB$
特征	反应物为多种而生成物只有一种，即"多变一"	反应物只有一种而生成物有多种，即"一变多"	反应物与生成物都是两种，且都是单质和化合物	反应物和生成物都为化合物

核心考点 **5** 盐的化学性质总结

考霸笔记：

由于盐溶液不一定呈中性，可能显酸性或碱性，故某些盐溶液也能使酸碱指示剂变色。

	有关化学性质	举例	说明
置换反应	盐＋金属→另一种盐＋另一种金属	$Fe+CuSO_4 === FeSO_4+Cu$ $Cu+2AgNO_3 === Cu(NO_3)_2+2Ag$	活泼金属(K、Ca、Na除外)能置换不活泼金属，反之不能。所用的盐必须是可溶的
复分解反应	盐＋酸→新盐＋新酸	$CaCO_3 + \uparrow 2HCl === CaCl_2 + H_2O + CO_2\uparrow$ $H_2SO_4 + BaCl_2 === BaSO_4\downarrow + 2HCl$	生成物有气体、沉淀或水
	盐＋碱→新盐＋新碱	$CuCl_2+2NaOH === Cu(OH)_2\downarrow + 2NaCl$ $Na_2CO_3+Ca(OH)_2 === CaCO_3\downarrow + 2NaOH$ $2NH_4NO_3+Ca(OH)_2 === Ca(NO_3)_2+2H_2O+2NH_3\uparrow$	除了生成物必须有沉淀、气体或水外，反应物还必须都是可溶的(至少微溶)
	盐＋盐→两种新盐	$NaCl + AgNO_3 === AgCl\downarrow + NaNO_3$ $Na_2SO_4 + BaCl_2 === BaSO_4\downarrow + 2NaCl$	
总结	盐的组成比较复杂，不同的盐可以发生不同的反应，而不像酸或碱那样具有通性		

专题二十九　化学肥料

核心考点 *1*　化学肥料

1.定义

化学肥料是指以矿物、空气、水做原料,经过化学和物理方法加工制成含有植物生长所需的营养元素的物质,简称化肥。

2.种类

农作物所必需的营养元素有碳、氢、氧、氮、磷、钾、钙、镁等,其中氮、磷、钾需要量较大,因此氮肥、磷肥、钾肥是最主要的化学肥料。

另外还有同时含有两种或两种以上营养元素的复合肥。

考霸笔记:

农家肥料:人、动物的粪便,植物残体等制成;

化学肥料:化学肥料简称化肥,化工和物理方法人工制成。

考霸笔记:

缺氮植株与正常植株的比对

核心考点 **2**　　氮肥

1.所含营养元素:N。

2.常见化肥:碳酸氢铵(NH_4HCO_3)、尿素[$CO(NH_2)_2$]、硝酸铵(NH_4NO_3)、氯化铵(NH_4Cl)、硫酸铵[$(NH_4)_2SO_4$]、氨水($NH_3 \cdot H_2O$)。

3.主要作用:氮是作物体内蛋白质、核酸和叶绿素的组成元素,氮肥能促进作物的茎、叶生长茂盛、叶色浓绿、果实硕大。

4.缺乏时的影响:生长迟缓、植株叶片发黄。

5.常见氮肥的性能和使用注意事项

名称	化学式	性能	使用注意事项
硫酸铵(硫铵)	$(NH_4)_2SO_4$	白色晶体,易溶于水,常温时稳定,含氮约21%	不宜长期大量施用,否则会引起土壤板结硬化、酸化
碳酸氢铵(碳铵)	NH_4HCO_3	白色晶体,易溶于水,会受潮,易分解,含氮约17%	密封储存,防潮防晒,宜深施,施后盖土,可作基肥和追肥,但不作种肥

续表

名称	化学式	性能	使用注意事项
硝酸铵（硝铵）	NH_4NO_3	白色晶体，易溶于水，高温或受猛烈撞击时易爆炸，含氮约35%	防爆炸，不要和易燃品一起堆放，不要用铁锤去击碎结块
尿素	$CO(NH_2)_2$	白色或淡黄色晶体，易溶于水，含氮约46%	肥效高且较持久，是优质氮肥，可作基肥和追肥，但不宜作种肥

考霸笔记：

1.氮的固定——将氮气转化为含氮化合物的方法。如：豆科植物根部的根瘤菌能把空气中的氮气转化为含氮化合物，这类植物无需或只需少量施用氮肥。

2.碳酸氢铵受热易分解，因此，要注意密封保存，施用时要盖土或立即灌溉。

3.铵态化肥千万不能与碱性物质（如熟石灰）混合使用，否则会失去肥效。

4.硝酸铵受热易分解，在高温或猛烈撞击时易发生爆炸。所以当硝酸铵受潮结块时，不要用铁锤砸碎。

5.硫酸铵不易长时间使用，以免造成土壤酸性增强或土壤板结。

考霸笔记：

正常　缺磷

缺磷

缺磷

核心考点 3　磷肥

1.所含营养元素: P。

2.常见化肥: 磷矿粉[$Ca_3(PO_4)_2$]、钙镁磷肥(钙和镁的磷酸盐)、过磷酸钙[磷酸二氢钙 $Ca(H_2PO_4)_2$ 和 $CaSO_4$ 的混合物]。

3.主要作用: 磷是植物体内核酸、蛋白质和酶等多种重要化合物的组成元素,磷肥能促进作物根系发达,增强抗寒抗旱能力,还能促进作物提早成熟,穗粒增多,籽粒饱满。

4.缺乏时的影响: 缺磷时生长迟缓,产量下降。

核心考点 4　钾肥

1.所含营养元素: K。

2.常见化肥: 硫酸钾(K_2SO_4)、氯化钾(KCl)和草木灰(主要成分为 K_2CO_3)。

3.主要作用: 钾在植物代谢活跃的器官和组织中分布量较高,能促进作物生长健壮,茎秆粗硬,增强对病虫害和倒伏的抵抗能力,并能促进糖分和淀粉的生成。

4.缺乏时的影响: 茎秆细弱,容易倒伏。

考霸笔记：

核心考点 5   复合肥

1.所含营养元素： N、P、K 元素中至少两种。

2.常见化肥： 磷酸铵[磷酸二氢铵 $NH_4H_2PO_4$ 和磷酸氢二铵（NH_4）$_2HPO_4$的混合物]、硝酸钾（KNO_3）。

3.主要作用： 能同时均匀地供给作物几种养分，充分发挥各营养元素间的相互作用。

考霸笔记:

化肥和农家肥的比较

所含元素种类少,但营养元素含量大	常含有多种营养元素,但营养元素含量较少
一般易溶于水,易被农作物吸收,肥效较快	一般较难溶于水,经腐熟后逐步转化为可溶于水、能被作物吸收的物质,肥效慢但肥期较长
便于工业生产,成本较高	便于就地取材,成本低廉
长期使用会破坏土壤的结构,使果蔬、谷物含有超量化肥,影响人体健康;化肥还会造成水体污染,引起水体富营养化	能改良土壤结构

考霸笔记:

施肥一大片,不如一条线。

核心考点 6　使用化肥、农药的利与弊

1.利:化肥、农药对提高农作物的产量具有重要的作用。

2.弊:

(1)不合理施用化肥会带来很多环境问题,一方面化肥中含有一些重金属元素、有毒有机物和放射性物质,施入后会引起潜在的土壤污染;另一方面化肥在施用过程中,因某些成分的积累、流失或变化,引起土壤酸化,水域中氮和磷含量升高,氮化物和硫化物气体排放等,造成土壤退化和水、大气环境

的污染。

(2)农药本身有毒,在杀灭病虫害的同时也带来了对自然环境的污染和对人体健康的危害。

核心考点 7 化肥的鉴别

1.氮肥、磷肥、钾肥的鉴别

	氮肥		磷肥		钾肥	
	碳酸氢铵	氯化铵	磷矿粉	过磷酸钙	氯化钾	硫酸钾
外观	白色晶体	白色晶体	灰白色粉末	灰白色粉末	白色晶体	白色晶体
气味	强烈气味	无味	无味	无味	无味	无味
溶解性	易溶	易溶	不易溶	能溶	易溶	易溶
结论	通过观察颜色和溶解性可以鉴别磷肥:灰白色、不易溶于水的是磷肥;白色、易溶于水的是钾肥和氮肥					

2.氮肥、钾肥的鉴别

	氮肥		钾肥	
	硫酸铵	氯化铵	硫酸钾	氯化钾
灼烧	可燃烧,熔化或冒气泡		不燃烧,跳动或有爆裂声	
加熟石灰研磨	放出刺激性气味的气体		无刺激性气味气体放出	
结论	通过燃烧或加入熟石灰的方法可以鉴别氮肥和钾肥:能燃烧、遇到熟石灰产生刺激性气味的是铵态氮肥;否则是钾肥			

考霸笔记:

化肥鉴别歌

鉴别化肥简易行,无锈铁片火烧红;化肥分别铁上放,各自现象皆不同;

遇铁冒烟化成水,定是尿素不可疑;若是只熔不冒烟,刺鼻气味是磷铵;

一阵烟后冒火星,必是硝铵显神通;铁上发出紫火焰,吱吱微响是硫铵;

要想测知氯化铵,触铁味如浓盐酸;磷肥多为灰白色,置于红铁味难闻;

放于红铁爆噼啪,无氨味者硫酸钾;氯化磷铵与有别,无烟臭气呛煞人;

上述现象若不符,其中有诈须谨慎;认真鉴别把握准,防止上当把钱费。

专题三十　人类重要的营养物质

核心考点 1　食物中的营养物质

1.六大基本营养素

食物中的营养物质包括糖类、蛋白质、油脂三类供能物质和水、无机盐、维生素三类非供能物质。

2.合理膳食

中国居民平衡膳食宝塔为我们提供了合理选择食物的指南,我们的饮食结构为(日摄入量):五谷类约 400 g,蔬菜约 500 g,2—3 个网球大的水果,奶类约 300 g,肉类、鱼类、豆类、蛋类共约 200 g。

人是铁、饭是钢、一顿不吃饿得慌!

考霸笔记:

中国居民平衡膳食宝塔

第五层:油、盐

第四层:奶类及奶制品、大豆类及坚果

第三层:畜禽肉类、鱼虾类、蛋类

第二层:蔬菜类、水果类

第一层:谷类、薯类及杂豆、水

核心考点 2 蛋白质

考霸笔记:

```
含蛋白质的食物 ─水，在胃、肠道里→ 氨基酸
                          ├─氧化─┬─放出热量──→供人体活动的需要
                          │        └─通过肠壁进入人血液→CO(NH₂)、CO₂、H₂O等──→排出体外
                          └─重新组成──→人体所需的各种蛋白质─┬─维持人体的生长发育
                                                              └─维持人体的组织更新
```

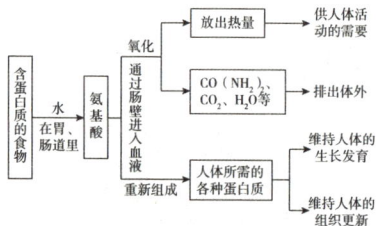

食物蛋白质的主要作用

蛋白质缺乏会导致脱发～

1.组成

蛋白质是由多种氨基酸(甘氨酸、丙氨酸等)构成的极为复杂的化合物,相对分子质量从几万到几百万,主要含有 C、H、O、N 等元素。

2.种类

血红蛋白、酶等。

3.对人体的作用

蛋白质广泛存在于生物体内,是构成人体细胞的基础物质。蛋白质是机体生长及修补受损组织的主要原料。

4.存在

瘦肉、鱼类、鸡蛋、豆类、花生等。

5.血红蛋白

(1)构成及作用:由蛋白质和血红素构成,是气体运输的载体。

(2)反应过程:血红蛋白＋氧气→氧合血红蛋白。

(3)CO 中毒机理:血红蛋白与 CO 结合能力比与 O_2 结合能力强 200～

300 倍,一旦结合便不容易分离,且不能再与 O_2 结合,导致人体缺氧而死。(这就是煤气中毒的原因)

6.酶

(1)定义:酶是一种重要的蛋白质,是生物催化剂。

(2)特点:一种酶只能催化一种或一类反应。

①温和性——所需条件温和。

②高效性——催化效率高。

③专一性——高度的专一性。

(3)作用示例:

$$淀粉 \xrightarrow[\text{胰淀粉酶}]{\text{唾液淀粉酶}} 麦芽糖 \xrightarrow{\text{麦芽糖酶}} 葡萄糖$$

7.蛋白质的变质

(1)原理

蛋白质受物理或化学因素的影响,其结构被破坏,失去原有的生理活性。

(2)因素

物理因素:加热或高温、紫外线照射、超声波、高电压等。

化学因素:重金属盐、强酸、强碱、有机溶剂(如甲醛、酒精等)都能使蛋白质变质。

考霸笔记:

血红素

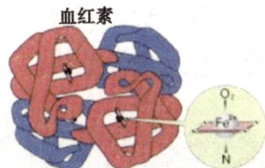

血红蛋白分子链

血红蛋白

氧合血红蛋白示意图

考霸笔记：

如果误服重金属盐造成中毒,可以饮用大量的牛奶、豆汁或鸡蛋清等,使重金属盐与这些蛋白质结合,起到解毒的作用。

甲醛水溶液浸制动物标本

甲醛可以使动物体内的蛋白质变性,失去原有的生理功能,使动物细胞失去活性,从而起到防腐作用,使标本长久保存。

核心考点 3 糖类

1.组成

由 C、H、O 三种元素组成。

2.种类

淀粉、葡萄糖、蔗糖、麦芽糖等。

3.对人体的作用

糖类是生命活动的主要能源。在人体内,淀粉在酶的作用下,转变为葡萄糖,一部分葡萄糖又在酶的作用下转变为二氧化碳和水,同时放出能量。

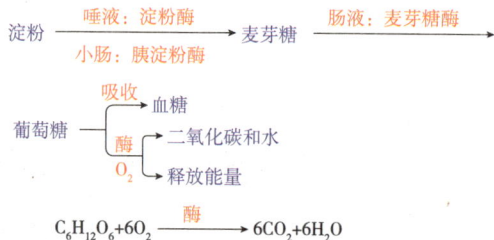

淀粉 —唾液:淀粉酶 / 小肠:胰淀粉酶→ 麦芽糖 —肠液:麦芽糖酶→

葡萄糖 —吸收→ 血糖
葡萄糖 —酶 O_2→ 二氧化碳和水 / 释放能量

$$C_6H_{12}O_6+6O_2 \xrightarrow{酶} 6CO_2+6H_2O$$

人体内糖类的代谢过程

4.存在

各种粮食,如小麦、薯类、大米、玉米等,以及水果,如苹果、香蕉、桔子等。

核心考点 4 油脂

1.组成

由 C、H、O 三种元素组成。

2.种类

(1)植物油脂:常温下呈液态,称为油。

(2)动物油脂:常温下呈固态,称为脂肪。

3.对人体的作用

油脂的主要功能是供给人体热量,它是维持生命活动的重要能源。

4.存在

花生油、豆油、芝麻油以及花生米、核桃仁、肉类、鱼类等。

考霸笔记:

油脂的其他作用

1.由于胃对脂肪消化慢,脂肪在胃内停留时间长,能产生饱腹感。

2.保护和固定体内器官,并起润滑作用。

3.溶解营养素。因脂溶性维生素 A、D、E、K 只有溶解于脂肪后才能被人体所吸收。

油脂摄入过多,溶液引起肥胖。

通过改善饮食及运动,可以达到减脂的目的。

核心考点 5　葡萄糖、蛋白质和淀粉的检验

	方法	应用
葡萄糖的检验	向 NaOH 溶液中滴加少量硫酸铜溶液,再立即加入葡萄糖溶液,在酒精灯上加热至沸腾,出现红色沉淀,据此证明葡萄糖的存在	糖尿病人的尿液中含有葡萄糖,据此可以检查病人是否患糖尿病
蛋白质的检验	蛋白质被灼烧时,产生具有烧焦羽毛的气味,据此可用来检验蛋白质的存在	根据蛋白质灼烧时产生的特殊的烧焦羽毛味,可以用来鉴别衣物是否为羊毛或蚕丝,只要从边角处取一根纤维灼烧即可判断
淀粉的检验	淀粉遇到单质碘变蓝色,人们常利用此性质来检验物质中淀粉的存在	可用来检验用淀粉冒充的假奶粉

核心考点 **6**　维生素

1.组成

种类繁多,组成元素复杂。

2.种类

维生素有 20 多种,例如,维生素 A、维生素 B、维生素 C 等。

3.对人体的作用

对人体的新陈代谢起调节作用,使身体得到均衡发展,增强抵抗力,抵御各种疾病。

4.存在

各种食物和蔬菜中均有不同的维生素。

5.各种维生素的来源及功能

主要维生素	食物来源	作用	缺乏症
维生素 A	蛋类、鱼卵、动物肝脏、鲜奶;胡萝卜、菠菜、青椒等含有的胡萝卜素能转变为维生素 A	使人维持正常的视力	夜盲症等

考霸笔记:

维生素也不宜过量:

维生素 A 过量会导致食欲不振、呕吐等;

维生素 B 过量会导致心律失常、神经衰弱等;

维生素 C 过量会导致腹泻、肾结石等;

维生素 D 过量会导致高血压、肌肉萎缩等。

续表

考霸笔记：

不能盲目地增大或减少某种营养素的摄入量，无论是哪种营养素，过多或过少都会影响健康。因此，要平衡膳食，不挑食、不偏食。

主要维生素	食物来源	作用	缺乏症
维生素B	豆荚，糙米，绿叶蔬菜，麦片，瘦肉，蛋类，动物心、肝，花生米等	在增进食欲、保护神经系统、促进消化吸收、乳汁分泌等	脚气病
维生素C	新鲜的蔬菜、水果，如柑橘、柠檬、葡萄、西红柿、胡萝卜等	参与氨基酸的代谢；增强毛细血管的管壁韧性和健全血管等	皮肤、黏膜出血；牙龈出血、牙龈炎等
维生素D	各种鱼肝油、奶油、蛋黄、鱼和动物的肝脏	促进肠道对钙和无机磷的吸收，有助于骨骼和牙齿的发育	龋齿、骨质疏松、儿童佝偻病、成年人骨质软化、骨骼畸形、骨疼痛

专题三十一　化学元素与人体健康

核心考点 1　**人体的元素组成**

分类	常量元素	O、C、H、N、Ca、P、S、K、Na、Cl、Mg 等（含量超过 0.01% 的元素）
	必需微量元素	Fe、Zn、I、Se、Cu、Cr、Mn 等（含量在 0.01% 以下的元素）
	非必需元素	Al、Ba、Ti 等
	有毒元素	Pb 、Cd 、Hg
存在形式	氧、碳、氢、氮以水、糖类、油脂、蛋白质和维生素的形式存在，其余的主要以无机盐的形式存在于水溶液中	
含量之最	含量最多的物质是水；含量最多的元素是氧；含量最多的金属元素是钙	
说明	人体中的化学元素，在体内形成"收支"平衡，这个平衡一旦被打破，就会影响人的健康，甚至引起疾病，元素在人体中过多或过少都不利于健康	

考霸笔记：

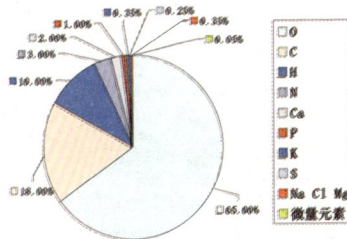

人体中元素含量图

核心考点 **2**　　**化学元素对人体健康的影响**

1.几种常量元素对人体的作用

元素	对人体的作用
钙	钙使得骨骼和牙齿具有坚硬的结构支架,幼儿及青少年缺钙会得佝偻病和发育不良,老年人缺钙会导致骨质疏松
钠	钠的一半以上以 Na^+ 的形式存在于细胞外液中,对维持神经、肌肉的正常功能起着重要作用
钾	钾主要以 K^+ 的形式存在于细胞内液中,细胞内液和细胞外液中的 K^+ 和 Na^+ 各自保持一定的浓度,对于维持人体内的水分和体液恒定的 pH 有重要的作用

2.一些必需元素对人体的作用及适宜摄入量

元素	人体内的含量	对人体的作用	适宜摄入量（每天）	营养缺乏症（或过量引起症状）
铁	4—5 g	是血红蛋白的重要成分,能帮助氧气的运输	20—25 mg	缺铁引发缺铁性贫血,过量会中毒

考霸笔记：

儿童缺钙会导致发育不良等问题。

老年人缺钙会导致骨质疏松——关节疼痛、易骨折等问题。

续表

锌	2.5 g	影响人体发育	15.5—19 mg	缺锌会导致食欲不振,生长迟缓,发育不良
硒	14—21 mg	有防癌、抗癌作用	50 μg	缺硒可能引起表皮角质化和癌症,但过量会中毒
氟	2.6 g	能防治龋齿	1.4 mg	缺氟易产生龋齿,过量会引起氟斑牙和氟骨症
碘	25—50 mg	甲状腺激素的重要成分	150 μg	缺碘引起甲状腺肿大和儿童呆小症、智力低下;过量也能引起甲状腺肿大
总结	几种元素的作用可以总结为"缺铁贫血、缺钙骨折,少碘多碘脖子打结""缺锌不长个,缺硒皮肤坏,氟多氟少牙齿不好"			

3. 一些微量元素在食物中的来源

元素	食物来源
钙	奶类、绿叶蔬菜、水产品、肉类、豆类、食用菌类、芝麻

考霸笔记:

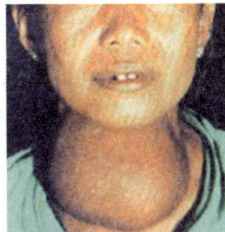

缺碘引起甲状腺肿大

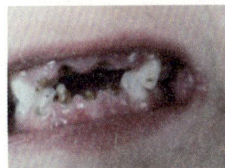

缺氟易产生龋齿

续表

元素	食物来源
铁	肝脏、瘦肉、鱼类、蛋、豆类、芹菜
锌	海产品、瘦肉、肝脏、豆类、奶类、小米
碘	海产品、加碘盐
硒	鱼、虾、奶类、动物肝脏、肉类、坚果类等
氟	茶叶、鱼类、软体动物(贝类、乌贼、海蜇)、天然水
说明	正常人只要保证膳食搭配合理,从食物中摄取的微量元素基本能满足身体的需要,老人、儿童和病人如果从食物中摄入不足,可以通过食品添加剂或保健品来补充,但一定要注意量的问题,切忌"多多益善"

考霸笔记:

"民以食为天",我们能从食物中摄取人体所需的元素,但要均衡,切忌"多多益善"。

专题三十二　有机合成材料

核心考点 1　有机化合物

1.有机物与无机物的区别

	有机物	无机物
组成	含碳元素	不含碳元素（CO、CO_2、碳酸、碳酸盐除外）
溶解性	多数不溶于水,而易溶于有机溶剂	有些溶于水,大多数不溶于有机溶剂
耐热性	多数不耐热,熔点较低,一般在400 ℃以下	多数耐热,难熔化,熔点一般较高
可燃性	多数可以燃烧	多数不能燃烧
化学反应	一般比较复杂,反应速率慢	一般比较简单,反应速率快

考霸笔记:

含碳元素的化合物在自然界中种类最多。其主要原因有:

1.碳原子可与氢、氧、氮等原子直接结合;

2.碳原子之间还可以相互连接;

3.可形成碳链,也可形成碳环。

2.有机物的种类

(1)有机物小分子化合物:相对分子质量较小,如乙醇、甲烷、葡萄糖等。

(2)有机高分子化合物:简称有机高分子,其相对分子质量比较大,从几万到几十万,甚至高达几百万或更高,如淀粉、蛋白质等。

3.无机物的分类

无机化合物根据元素组成及在水中离解成的粒子特点分为氧化物、酸、碱、盐。

考霸笔记:

少数含碳元素的化合物(CO、CO_2、Na_2CO_3、$CaCO_3$、$NaHCO_3$ 等)具有无机化合物的特点,把它们看成无机化合物。

4.常见的有机物

常见的有机物	存在物质
厨房中的有机物	食物,如馒头、米饭、鸡蛋、牛奶、肉类等,都含有有机物;食醋中的醋酸,化学式为 CH_3COOH,属于有机物;味精的成分是谷氨酸钠,属于有机物;还有各种饮用酒中含有的酒精(C_2H_5OH)
食品中的有机物	食品中的六大类营养素除了水和无机盐外,蛋白质、淀粉、油脂和维生素都是有机物;青菜中含有的纤维素,被称为第七类营养素,也属于有机物;组成我们身体的成分除了水外,多数是有机物

续表

常见的有机物	存在物质
燃料中的有机物	燃料中有机物的种类也很多,如天然气和沼气的主要成分——甲烷(CH_4),是最简单的有机物,因为它的分子中只含有五个原子;汽油、煤油、柴油等各种石油产品都是有机物
材料中的有机物	材料中的塑料、合成纤维、合成橡胶等属于有机高分子化合物
化肥和农药中的有机物	常见的化肥,如氮肥中的尿素[$CO(NH_2)_2$]属于有机物,一些新型化肥属于有机物的也很多,而农药大多数是有机物,如各种有机磷农药,都是含有磷元素的有机物

核心考点 2　有机高分子材料

1.定义

用有机高分子化合物制成的材料就是有机高分子材料。

2.分类

(1)天然有机高分子材料:棉花、羊毛、木材、天然纤维和天然橡胶等。

(2)合成有机高分子材料:塑料、合成纤维(涤纶、腈纶、锦纶)和合成橡胶,合称"三大有机合成材料"。

考霸笔记:

厨房的醋、酱油、味精、酒、牛奶、面包、塑料制品等物质中含有有机物,但其本身并不是有机物,因为有机物是纯净物,而上述物质均为混合物。

考霸笔记：

区分棉、羊毛、合成纤维的方法

纤维种类	燃烧情况	气味	灰烬
棉纤维	易燃，直接燃烧	烧纸的气味	灰色，细而软
羊毛纤维	起泡成球，不延续燃烧	烧焦羽毛的气味	黑褐色小球，易碎
合成纤维（如锦纶）	先熔化再燃烧，或边熔化边燃烧	特殊气味（有芹菜气味）	黑色或褐色硬块

3.三大有机合成材料

(1)三大有机合成材料的性能和用途

考霸笔记：

塑料碎片加热后变成液态，冷却后变成白色固体。这类高分子材料可以反复加工，多次使用，能制成薄膜、拉成丝或压制成所需要的各种形状，这种材料具有热塑性。

材料种类	性能	用途
塑料	质轻、柔软、绝缘、耐腐蚀、易成型、易加工、易回收等，缺点是废弃塑料易导致"白色污染"	用途极广，生活中的各种塑料制品随处可见
合成橡胶	合成橡胶的弹性、耐磨性、绝缘性等比天然橡胶优越	主要用于轮胎和制鞋工业

续表

材料种类	性能	用途
合成纤维	具有强度高、弹性好、耐磨、耐腐蚀、不缩水的特点,用它做的衣服不易褶皱、结实耐穿,但合成纤维的吸湿性和透气性差	主要用作衣物的布料

(2)鉴别塑料有毒、无毒的方法

塑料	燃烧现象	颜色	透明度	质量
有毒塑料	不易燃烧,燃烧时冒烟,有臭味	一般有色	一般较差	较重
无毒塑料	易燃烧,不冒烟,无臭味	一般无色	一般半透明	较轻

(3)几种常见合成橡胶的性质和用途

名称	性质	用途
丁苯橡胶	热稳定性、电绝缘性和抗老化性好	可制轮胎、电绝缘材料、一般橡胶制品等
顺丁橡胶	弹性好、耐低温、耐磨	可制轮船、传送带、胶管等
氯丁橡胶	耐日光、耐磨、耐老化、耐酸碱、耐油性好	可制电线外皮、传送带、化工设备的防腐衬里、胶黏剂等

考霸笔记:

废塑料代码及其回收标志

学校操场上的塑胶跑道是由聚氨酯橡胶等材料组成的,具有一定的弹性和色彩,具有一定的抗紫外线能力和耐老化力,是国际上公认的最佳全天候室外运动场地坪材料。

(4)几种常见合成纤维的性质和用途

名称	性能	用途
涤纶	弹性、耐磨性好,抗褶皱性强。不易变形,强度高但染色性、透气性较差	用于制作衣服、滤布、绳索、渔网、轮胎、帘子线等
棉纶	质轻,弹性、耐磨性好,但耐热、耐光性较差	用于制作衣服、袜子、手套、渔网、降落伞等
腈纶	质柔软,保暖性好,耐光性、弹性好,不发霉,不虫蛀,但耐磨性较差	用于制作衣服、毛线、毛毯、工业用布等

(5)"白色污染"的危害及防治

形成	丢弃的塑料给环境带来的污染称为"白色污染"
危害	大部分塑料在自然环境中很难降解,长期堆积会破坏土壤,污染地下水,危害海洋生物的生存;而且如果焚烧含氯塑料会产生刺激性气味的氯化氢气体等,从而对空气造成污染
防治措施	(1)减少使用不必要的塑料制品,如用布袋代替塑料袋等;(2)重复使用某些塑料制品,如塑料袋、塑料盒等;(3)使用新型的、可降解的塑料,如微生物降解塑料和光降解塑料等;(4)回收各种废弃塑料
回收塑料的意义及障碍	回收废弃塑料不仅可以减少"白色污染",而且可以节约资源,但塑料的分类是回收和利用的一大障碍。因为不同的塑料,其加工的方法和再利用的途径是不同的,为了解决这个问题,国家规定一些塑料制品必须有各种材料的标志,以便于回收时分类

续表

新材料	纳米材料	当物质小到纳米尺度时,会出现一系列特异效应,使其光、热、电、磁、力学等性质发生显著的变化,因此纳米材料具有其他材料所没有的优越性能
	复合材料	复合材料是将两种或两种以上的材料复合成一体而形成的材料,兼具不同材料的优点,如玻璃钢是在塑料中嵌入玻璃纤维制成的,这种材料具有钢的硬度和玻璃的透明度,广泛用于制造车厢、船体、飞机部件、头盔等

考霸笔记:

用布袋、可降解或新型塑料袋等代替传统塑料袋,降低"白色污染"。

专题三十三　小结

初中常见的化学方程式

一、物质与氧气的反应：

（一）单质与氧气的反应：

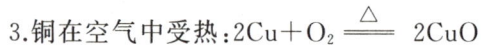

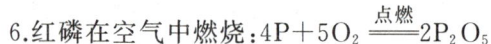

1.镁在空气中燃烧：$2Mg + O_2 \xrightarrow{\text{点燃}} 2MgO$

2.铁在氧气中燃烧：$3Fe + 2O_2 \xrightarrow{\text{点燃}} Fe_3O_4$

3.铜在空气中受热：$2Cu + O_2 \xrightarrow{\triangle} 2CuO$

4.铝在空气中受热：$4Al + 3O_2 \xrightarrow{\triangle} 2Al_2O_3$

5.氢气中空气中燃烧：$2H_2 + O_2 \xrightarrow{\text{点燃}} 2H_2O$

6.红磷在空气中燃烧：$4P + 5O_2 \xrightarrow{\text{点燃}} 2P_2O_5$

7.硫粉在空气中燃烧：$S + O_2 \xrightarrow{\text{点燃}} SO_2$

8.碳在氧气中充分燃烧：$C + O_2 \xrightarrow{\text{点燃}} CO_2$

9.碳在氧气中**不充分燃烧**:$2C + O_2 \xrightarrow{\text{点燃}} 2CO$

(二)化合物与氧气的反应:

10.一氧化碳在氧气中燃烧:$2CO + O_2 \xrightarrow{\text{点燃}} 2CO_2$

11.甲烷在空气中燃烧:$CH_4 + 2O_2 \xrightarrow{\text{点燃}} CO_2 + 2H_2O$

12.丙烷在空气中燃烧:$C_3H_8 + 5O_2 \xrightarrow{\text{点燃}} 3CO_2 + 4H_2O$

13.酒精在空气中燃烧:$C_2H_5OH + 3O_2 \xrightarrow{\text{点燃}} 2CO_2 + 3H_2O$

二、重要的分解反应

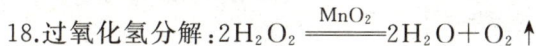

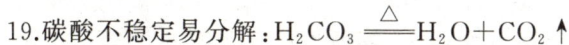

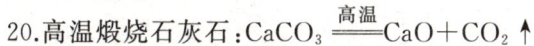

14.水在直流电的作用下分解:$2H_2O \xrightarrow{\text{通电}} 2H_2 \uparrow + O_2 \uparrow$

15.加热碱式碳酸铜:$Cu_2(OH)_2CO_3 \xrightarrow{\triangle} 2CuO + H_2O + CO_2 \uparrow$

16.加热氯酸钾:$2KClO_3 \xrightarrow[\triangle]{MnO_2} 2KCl + 3O_2 \uparrow$

17.加热高锰酸钾:$2KMnO_4 \xrightarrow{\triangle} K_2MnO_4 + MnO_2 + O_2 \uparrow$

18.过氧化氢分解:$2H_2O_2 \xrightarrow{MnO_2} 2H_2O + O_2 \uparrow$

19.碳酸不稳定易分解:$H_2CO_3 \xrightarrow{\triangle} H_2O + CO_2 \uparrow$

20.高温煅烧石灰石:$CaCO_3 \xrightarrow{\text{高温}} CaO + CO_2 \uparrow$

三、重要的氧化还原反应

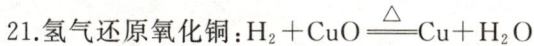

21.氢气还原氧化铜:$H_2 + CuO \xrightarrow{\triangle} Cu + H_2O$

22.木炭还原氧化铜：$C+2CuO \xrightarrow{\text{高温}} 2Cu+CO_2\uparrow$

23.碳与二氧化碳反应　$C+CO_2 \xrightarrow{\text{高温}} 2CO$

24.焦炭还原氧化铁：$3C+2Fe_2O_3 \xrightarrow{\text{高温}} 4Fe+3CO_2\uparrow$

25.焦炭还原四氧化三铁：$2C+Fe_3O_4 \xrightarrow{\text{高温}} 3Fe+2CO_2\uparrow$

26.一氧化碳还原氧化铜：$CO+CuO \xrightarrow{\triangle} Cu+CO_2$

27.一氧化碳还原氧化铁：$3CO+Fe_2O_3 \xrightarrow{\text{高温}} 2Fe+3CO_2$

28.一氧化碳还原四氧化三铁：$4CO+Fe_3O_4 \xrightarrow{\text{高温}} 3Fe+4CO_2$

四、单质、氧化物、酸、碱、盐的相互关系

（一）金属单质＋酸——→盐＋氢气（置换反应）

29.锌和稀硫酸反应：$Zn+H_2SO_4 == ZnSO_4+H_2\uparrow$

30.铁和稀硫酸反应：$Fe+H_2SO_4 == FeSO_4+H_2\uparrow$

31.镁和稀硫酸反应：$Mg+H_2SO_4 == MgSO_4+H_2\uparrow$

32.铝和稀硫酸反应：$2Al+3H_2SO_4 == Al_2(SO_4)_3+3H_2\uparrow$

33.锌和稀盐酸反应：$Zn+2HCl == ZnCl_2+H_2\uparrow$

34.铁和稀盐酸反应：$Fe+2HCl == FeCl_2+H_2\uparrow$

35.镁和稀盐酸反应：$Mg+2HCl == MgCl_2+H_2\uparrow$

36.铝和稀盐酸反应：$2Al+6HCl == 2AlCl_3+3H_2\uparrow$

（二）金属单质＋盐（溶液）——→另一种金属＋另一种盐

37.铁和硫酸铜溶液反应：$Fe+CuSO_4 == FeSO_4+Cu$

38.锌和硫酸铜溶液反应：$Zn+CuSO_4 =\!=\!= ZnSO_4+Cu$

39.铜和硝酸汞溶液反应：$Cu+Hg(NO_3)_2 =\!=\!= Cu(NO_3)_2+Hg$

40.铜和硝酸银溶液反应：$Cu+2AgNO_3 =\!=\!= Cu(NO_3)_2+2Ag$

（三）碱性氧化物＋酸——→盐＋水

41.氧化铁和稀盐酸反应：$Fe_2O_3+6HCl =\!=\!= 2FeCl_3+3H_2O$

42.氧化铁和稀硫酸反应：$Fe_2O_3+3H_2SO_4 =\!=\!= Fe_2(SO_4)_3+3H_2O$

43.氧化铜和稀盐酸反应：$CuO+2HCl =\!=\!= CuCl_2+H_2O$

44.氧化铜和稀硫酸反应：$CuO+H_2SO_4 =\!=\!= CuSO_4+H_2O$

45.氧化镁和稀硫酸反应：$MgO+H_2SO_4 =\!=\!= MgSO_4+H_2O$

46.氧化钙和稀盐酸反应：$CaO+2HCl =\!=\!= CaCl_2+H_2O$

（四）酸性氧化物＋碱——→盐＋水

47.氢氧化钠暴露在空气中变质：$2NaOH+CO_2 =\!=\!= Na_2CO_3+H_2O$

48.氢氧化钠吸收二氧化硫气体：$2NaOH+SO_2 =\!=\!= Na_2SO_3+H_2O$

49.氢氧化钠吸收三氧化硫：$2NaOH+SO_3 =\!=\!= Na_2SO_4+H_2O$

50.氢氧化钙放在空气中变质：$Ca(OH)_2+CO_2 =\!=\!= CaCO_3\downarrow+H_2O$

51.氢氧化钙吸收二氧化硫：$Ca(OH)_2+SO_2 =\!=\!= CaSO_3\downarrow+H_2O$

（五）酸＋碱——→盐＋水

52.盐酸和氢氧化钠反应：$HCl+NaOH =\!=\!= NaCl+H_2O$

53.盐酸和氢氧化钾反应：$HCl+KOH =\!=\!= KCl+H_2O$

54.盐酸和氢氧化铜反应：$2HCl+Cu(OH)_2 =\!=\!= CuCl_2+2H_2O$

55.盐酸和氢氧化钙反应：$2HCl+Ca(OH)_2 =\!=\!= CaCl_2+2H_2O$

56.盐酸和氢氧化铁反应：$3HCl+Fe(OH)_3 = FeCl_3+3H_2O$

57.氢氧化铝药物治疗胃酸过多：$3HCl+Al(OH)_3 = AlCl_3+3H_2O$

58.硫酸和氢氧化钠反应：$H_2SO_4+2NaOH = Na_2SO_4+2H_2O$

59.硫酸和氢氧化钾反应：$H_2SO_4+2KOH = K_2SO_4+2H_2O$

60.硫酸和氢氧化铜反应：$H_2SO_4+Cu(OH)_2 = CuSO_4+2H_2O$

61.硫酸和氢氧化钡反应：$H_2SO_4+Ba(OH)_2 = BaSO_4\downarrow+2H_2O$

62.硫酸和氢氧化铁反应：$3H_2SO_4+2Fe(OH)_3 = Fe_2(SO_4)_3+6H_2O$

63.硝酸和氢氧化钠反应：$HNO_3+NaOH = NaNO_3+H_2O$

（六）酸＋盐 $\longrightarrow$ 另一种酸＋另一种盐

64.大理石与稀盐酸反应：$CaCO_3+2HCl = CaCl_2+H_2O+CO_2\uparrow$

65.碳酸钠与稀盐酸反应：$Na_2CO_3+2HCl = 2NaCl+H_2O+CO_2\uparrow$

66.碳酸镁与稀盐酸反应：$MgCO_3+2HCl = MgCl_2+H_2O+CO_2\uparrow$

67.盐酸和硝酸银溶液反应：$HCl+AgNO_3 = AgCl\downarrow+HNO_3$

68.硫酸和碳酸钠溶液反应：$Na_2CO_3+H_2SO_4 = Na_2SO_4+H_2O+CO_2\uparrow$

69.硫酸和氯化钡溶液反应：$H_2SO_4+BaCl_2 = BaSO_4\downarrow+2HCl$

70.碳酸氢钠与稀盐酸反应：$NaHCO_3+HCl = NaCl+H_2O+CO_2\uparrow$

（七）碱＋盐 $\longrightarrow$ 另一种碱＋另一种盐

71.氢氧化钠（钙）溶液与硫酸铜溶液反应：$2NaOH+CuSO_4 = Cu(OH)_2\downarrow+Na_2SO_4$
$$Ca(OH)_2+CuSO_4 = Cu(OH)_2\downarrow+CaSO_4$$

72.氢氧化钠溶液与氯化铁溶液反应：$3NaOH+FeCl_3 = Fe(OH)_3\downarrow+3NaCl$

73.氢氧化钙溶液与氯化铁溶液反应：$3Ca(OH)_2+2FeCl_3 = 2Fe(OH)_3\downarrow+3CaCl_2$

74.氢氧化钠溶液与氯化镁溶液反应:$2NaOH + MgCl_2 \xrightarrow{\quad} Mg(OH)_2\downarrow + 2NaCl$

75.氢氧化钠溶液与氯化铜溶液反应:$2NaOH + CuCl_2 \xrightarrow{\quad} Cu(OH)_2\downarrow + 2NaCl$

76.氢氧化钙溶液与碳酸钠溶液反应:$Ca(OH)_2 + Na_2CO_3 \xrightarrow{\quad} CaCO_3\downarrow + 2NaOH$

(八)盐+盐——→两种新盐

77.氯化钠溶液和硝酸银溶液反应:$NaCl + AgNO_3 \xrightarrow{\quad} AgCl\downarrow + NaNO_3$

78.硫酸钠溶液和氯化钡溶液反应:$Na_2SO_4 + BaCl_2 \xrightarrow{\quad} BaSO_4\downarrow + 2NaCl$

79.碳酸钠与氯化钙反应:$Na_2CO_3 + CaCl_2 \xrightarrow{\quad} CaCO_3\downarrow + 2NaCl$

五、其他反应

80.生石灰与水反应:$CaO + H_2O \xrightarrow{\quad} Ca(OH)_2$

81.氧化钠与水反应:$Na_2O + H_2O \xrightarrow{\quad} 2NaOH$

82.二氧化碳与水反应:$CO_2 + H_2O \xrightarrow{\quad} H_2CO_3$

83.三氧化硫与水反应:$SO_3 + H_2O \xrightarrow{\quad} H_2SO_4$

84.二氧化硫与水反应:$SO_2 + H_2O \xrightarrow{\quad} H_2SO_3$(亚硫酸)

85.硫酸铜晶体受热分解:$CuSO_4 \cdot 5H_2O \xrightarrow{\triangle} CuSO_4 + 5H_2O$

86.无水硫酸铜作干燥剂:$CuSO_4 + 5H_2O \xrightarrow{\quad} CuSO_4 \cdot 5H_2O$

87.硝酸铵与熟石灰反应:$2NH_4NO_3 + Ca(OH)_2 \xrightarrow{\quad} Ca(NO_3)_2 + 2H_2O + 2NH_3\uparrow$

88.氯化铵与氢氧化钠反应:$NH_4Cl + NaOH \xrightarrow{\quad} NaCl + H_2O + NH_3\uparrow$

有颜色的物质或离子

有颜色的固体：

1. 黑色固体：C、MnO_2、CuO、Fe_3O_4、铁粉

2. 红色固体：Cu、Fe_2O_3、红磷

3. 蓝色晶体：$CuSO_4 \cdot 5H_2O$

4. 绿色粉末：$Cu_2(OH)_2CO_3$（碱式碳酸铜，俗称铜绿）

5. 淡黄色粉末：硫粉

6. 紫黑色固体：$KMnO_4$

7. 蓝色沉淀：$Cu(OH)_2$

8. 红褐色沉淀：$Fe(OH)_3$

9. 白色沉淀：$CaCO_3$、$BaCO_3$、$BaSO_4$、$AgCl$、$Mg(OH)_2$

10. 有颜色的离子：Fe^{2+}（浅绿色）、Fe^{3+}（棕黄色）、Cu^{2+}（蓝色）、MnO_4^-（紫色）

11. 有颜色变化的反应：$CuSO_4 + 5H_2O \Longrightarrow CuSO_4 \cdot 5H_2O$（检验水的存在）

      （白色）   （蓝色）

1～18 号元素的原子结构示意图

$\overset{1}{\underset{}{\textcircled{+1}}}$ 氢（H）　　　　　　　　　　　　　　　　$\overset{2}{\underset{}{\textcircled{+2}}}$ 氦（He）

锂（Li）　铍（Be）　硼（B）　碳（C）　氮（N）　氧（O）　氟（F）　氖（Ne）

 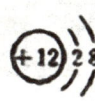  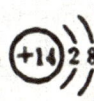    

钠（Na）　镁（Mg）　铝（Al）　硅（Si）　磷（P）　硫（S）　氯（Cl）　氩（Ar）

化学元素周期表

元 素 周 期 表

图例说明：
- 原子序数
- 元素符号，红色
- 元素名称
- 放射性元素
- 注*的是人造元素
- 外围电子层排布、括号指可能的电子层排布
- 相对原子质量（加括号的数据为该放射性元素半衰期最长同位素的质量数）

92 U
铀
$5f^36d^17s^2$
238.0

非金属　金属　过渡元素

周期	IA 1																	0 18	电子层	0族电子数
1	1 H 氢 $1s^1$ 1.008	IIA 2											IIIA 13	IVA 14	VA 15	VIA 16	VIIA 17	2 He 氦 $1s^2$ 4.003	K	2
2	3 Li 锂 $2s^1$ 6.941	4 Be 铍 $2s^2$ 9.012											5 B 硼 $2s^22p^1$ 10.81	6 C 碳 $2s^22p^2$ 12.01	7 N 氮 $2s^22p^3$ 14.01	8 O 氧 $2s^22p^4$ 16.00	9 F 氟 $2s^22p^5$ 19.00	10 Ne 氖 $2s^22p^6$ 20.18	L K	8 2
3	11 Na 钠 $3s^1$ 22.99	12 Mg 镁 $3s^2$ 24.31	IIIB 3	IVB 4	VB 5	VIB 6	VIIB 7	8	VIII 9	10	IB 11	IIB 12	13 Al 铝 $3s^23p^1$ 26.98	14 Si 硅 $3s^23p^2$ 28.09	15 P 磷 $3s^23p^3$ 30.97	16 S 硫 $3s^23p^4$ 32.06	17 Cl 氯 $3s^23p^5$ 35.45	18 Ar 氩 $3s^23p^6$ 39.95	M L K	8 8 2
4	19 K 钾 $4s^1$ 39.10	20 Ca 钙 $4s^2$ 40.08	21 Sc 钪 $3d^14s^2$ 44.96	22 Ti 钛 $3d^24s^2$ 47.87	23 V 钒 $3d^34s^2$ 50.94	24 Cr 铬 $3d^54s^1$ 52.00	25 Mn 锰 $3d^54s^2$ 54.94	26 Fe 铁 $3d^64s^2$ 55.85	27 Co 钴 $3d^74s^2$ 58.93	28 Ni 镍 $3d^84s^2$ 58.69	29 Cu 铜 $3d^{10}4s^1$ 63.55	30 Zn 锌 $3d^{10}4s^2$ 65.41	31 Ga 镓 $4s^24p^1$ 69.72	32 Ge 锗 $4s^24p^2$ 72.64	33 As 砷 $4s^24p^3$ 74.92	34 Se 硒 $4s^24p^4$ 78.96	35 Br 溴 $4s^24p^5$ 79.90	36 Kr 氪 $4s^24p^6$ 83.80	N M L K	8 18 8 2
5	37 Rb 铷 $5s^1$ 85.47	38 Sr 锶 $5s^2$ 87.62	39 Y 钇 $4d^15s^2$ 88.91	40 Zr 锆 $4d^25s^2$ 91.22	41 Nb 铌 $4d^45s^1$ 92.91	42 Mo 钼 $4d^55s^1$ 95.94	43 Tc 锝 $4d^55s^2$ [98]	44 Ru 钌 $4d^75s^1$ 101.1	45 Rh 铑 $4d^85s^1$ 102.9	46 Pd 钯 $4d^{10}$ 106.4	47 Ag 银 $4d^{10}5s^1$ 107.9	48 Cd 镉 $4d^{10}5s^2$ 112.4	49 In 铟 $5s^25p^1$ 114.8	50 Sn 锡 $5s^25p^2$ 118.7	51 Sb 锑 $5s^25p^3$ 121.8	52 Te 碲 $5s^25p^4$ 127.6	53 I 碘 $5s^25p^5$ 126.9	54 Xe 氙 $5s^25p^6$ 131.3	O N M L K	8 18 18 8 2
6	55 Cs 铯 $6s^1$ 132.9	56 Ba 钡 $6s^2$ 137.3	57~71 La~Lu 镧系	72 Hf 铪 $5d^26s^2$ 178.5	73 Ta 钽 $5d^36s^2$ 180.9	74 W 钨 $5d^46s^2$ 183.8	75 Re 铼 $5d^56s^2$ 186.2	76 Os 锇 $5d^66s^2$ 190.2	77 Ir 铱 $5d^76s^2$ 192.2	78 Pt 铂 $5d^96s^1$ 195.1	79 Au 金 $5d^{10}6s^1$ 197.0	80 Hg 汞 $5d^{10}6s^2$ 200.6	81 Tl 铊 $6s^26p^1$ 204.4	82 Pb 铅 $6s^26p^2$ 207.2	83 Bi 铋 $6s^26p^3$ 209.0	84 Po 钋 $6s^26p^4$ [209]	85 At 砹 $6s^26p^5$ [210]	86 Rn 氡 $6s^26p^6$ [222]	P O N M L K	8 18 32 18 8 2
7	87 Fr 钫 $7s^1$ [223]	88 Ra 镭 $7s^2$ [226]	89~103 Ac~Lr 锕系	104 Rf 𬬻* $(6d^27s^2)$ [261]	105 Db 𬭊* $(6d^37s^2)$ [262]	106 Sg 𬭳* [266]	107 Bh 𬭛* [264]	108 Hs 𬭶* [277]	109 Mt 鿏* [268]	110 Ds 𫟼* [281]	111 Rg 𬬭* [272]	112 Uub * [285]								

镧系：

镧系	57 La 镧 $5d^16s^2$ 138.9	58 Ce 铈 $4f^15d^16s^2$ 140.1	59 Pr 镨 $4f^36s^2$ 140.9	60 Nd 钕 $4f^46s^2$ 144.2	61 Pm 钷 $4f^56s^2$ [145]	62 Sm 钐 $4f^66s^2$ 150.4	63 Eu 铕 $4f^76s^2$ 152.0	64 Gd 钆 $4f^75d^16s^2$ 157.3	65 Tb 铽 $4f^96s^2$ 158.9	66 Dy 镝 $4f^{10}6s^2$ 162.5	67 Ho 钬 $4f^{11}6s^2$ 164.9	68 Er 铒 $4f^{12}6s^2$ 167.3	69 Tm 铥 $4f^{13}6s^2$ 168.9	70 Yb 镱 $4f^{14}6s^2$ 173.0	71 Lu 镥 $4f^{14}5d^16s^2$ 175.0

锕系：

锕系	89 Ac 锕 $6d^17s^2$ [227]	90 Th 钍 $6d^27s^2$ 232.0	91 Pa 镤 $5f^26d^17s^2$ 231.0	92 U 铀 $5f^36d^17s^2$ 238.0	93 Np 镎 $5f^46d^17s^2$ [237]	94 Pu 钚 $5f^67s^2$ [244]	95 Am 镅* $5f^77s^2$ [243]	96 Cm 锔* $5f^76d^17s^2$ [247]	97 Bk 锫* $5f^97s^2$ [247]	98 Cf 锎* $5f^{10}7s^2$ [251]	99 Es 锿* $5f^{11}7s^2$ [252]	100 Fm 镄* $5f^{12}7s^2$ [257]	101 Md 钔* $(5f^{13}7s^2)$ [258]	102 No 锘* $(5f^{14}7s^2)$ [259]	103 Lr 铹* $(5f^{14}6d^17s^2)$ [262]

注：相对原子质量录自2001年国际原子量表，并全部取4位有效数字。